Steven Furtick

Unbrauchbar?

Steven Furtick

Unbrauchbar?

Warum Gott Verlierer braucht, um große Dinge zu tun

Aus dem Amerikanischen von Antje Balters

Brendow
Verlag | Alles, was Sinn macht!

Bibliografische Information der Deutschen Nationalbibliothek.
Die Deutsche Nationalbibliothek verzeichnet diese Publikation in der
Deutschen Nationalbibliografie; detaillierte bibliografische Daten
sind im Internet über http://dnb.d-nb.de abrufbar.

ISBN 978-3-96140-030-0

First published under the title „(UN)QUALIFIED:
How God Uses Broken People to Do Big Things".
This Translation published by arrangement with Multnomah Books, an imprint
of the Crown Publishing Group, a division of Penguin Random House LLC

Aus dem Amerikanischen übersetzt von Antje Balters
Einbandgestaltung: Brendow Verlag, Moers
Titelfoto: fotolia Hortigüela
Satz: Brendow Web & Print, Moers
Druck und Bindung: CPI books – Clausen & Bosse, Leck
Printed in Germany
www.brendow-verlag.de

Dieses Buch widme ich Max.
Du bist der bessere Mann.

Inhalt

There is a crack in everything.
That's how the light gets in.
Leonard Cohen

(Alles hat einen Riss,
So kommt das Licht herein.)

Eins

Unqualifiziert

„Was fällt Ihnen ein, wenn Sie den Namen Steven Furtick hören?“, fragte der Interviewer den bekannten Theologen.

Hey, die reden über mich!

Mit einem Satz war ich wieder in dem Raum, wo das Video lief, und freute mich insgeheim, im Mittelpunkt zu stehen. Ich hatte im Studium das Buch dieses Mannes über den geistlichen Dienst gelesen, und es schmeichelte mir, dass er meinen Namen kannte, obwohl wir uns noch nie persönlich begegnet waren.

Ich war auf dieses Interview genauso gestoßen, wie man auf die meisten YouTube-Videos stößt – indem ich mich im freien Fall in den Abgrund der „Empfehlungen“ gestürzt hatte, die am Bildschirmrand zu sehen sind. Nachdem ich das Video angeklickt hatte, war ich weggegangen, um mich für den Gottesdienst umzuziehen, und es war im Hintergrund weitergelaufen, ohne dass ich richtig zugehört hatte.

Bis ich wie aus dem Nichts das Allerschönste hörte: meinen eigenen Namen. Es ist ja immer toll, Anerkennung zu bekommen.

Außer wenn es gar nicht so ist.

„Was fällt Ihnen ein, wenn Sie den Namen Steven Furtick

hören?“, fragte der Interviewer, woraufhin der Theologe den Kopf sinken ließ, um zu signalisieren, dass schon allein die Erwähnung meines Namens ermüdend war. Das brachte das Publikum zum Schmunzeln, und manche lachten sogar leise. Offenbar war allgemein bekannt, dass der Mann nicht gerade ein Fan von mir war.

Es folgte eine lange, gequälte Pause, eine entsprechende Grimasse, ein Blick, der durch Mark und Bein ging ... und dann folgte die Urteilsverkündung:

„Unqualifiziert.“

Er brachte diese fünf Silben mit einem Abscheu hervor, der die Schwere und Endgültigkeit seines Urteils noch unterstrich. Nur der Hammerschlag nach der Urteilsverkündung fehlte.

Keine weiteren Ausführungen, keine genauere Begründung – mein ganzes Leben und meine Arbeit als Geistlicher in einem Wort zusammengefasst.

Nach dieser Antwort setzte der Moderator das Interview übergangslos fort.

Unqualifiziert.

Dieses Wort setzte alle Rädchen in meinem Kopf in Gang. Es fühlte sich seltsam an, weil ein Teil von mir sich verteidigen wollte (gegen YouTube?), während ein anderer Teil in Richtung meines Kritikers dachte: *Du hast doch keine Ahnung, Junge.*

Ja, ich habe zu kämpfen – mit meinem Jähzorn, mit meinem Fokus, mit meinen Motiven, mit meinen Essgewohnheiten, mit meinem Gebetsleben und mit meinem Geisteszustand – und diese Liste kratzt gerade mal an der Oberfläche.

Ich kenne meine eigenen Fehler und Schwächen besser als jeder andere. Ich brauche mir kein Online-Interview anzuhören, um mich unqualifiziert zu fühlen. Es vergeht kaum ein Tag, an dem mich nicht das Gefühl packt, dass ich eigentlich kein Recht darauf habe, das zu tun, was ich tue, dass ich bis zum Hals in Schwierigkeiten stecke und dass ich all die Chancen und Segnungen, die mir zuteilwerden, gar nicht verdient habe.

Bin ich unqualifiziert?

Dieses Buch soll eine Antwort auf diese Frage sein. Ich schreibe es nicht als Reaktion auf dieses beliebige Interview auf YouTube, sondern ich stelle mir diese Frage selbst schon mein Leben lang, und vielleicht geht es Ihnen ja auch so.

Als ich mich auf den Weg begab, der zu diesem Buch führte, wollte ich endlich herausfinden, wie ich ganz tief in meinem Inneren selbst diese Frage beantworte. Ich wollte wissen, ob der besagte Theologe recht hatte. Ich wollte Klarheit darüber, ob diese leisen Zweifel, die immer wieder regelmäßig an mir nagen, innere Dämonen sind, die einfach ignoriert werden müssen, oder aber Warnsignale, die ich lieber beachten sollte. Ich wollte klären, ob ich meine Verantwortung mit Vertrauen in meine Berufung annehmen oder Panik bekommen und mich lieber verkriechen sollte, bevor ich alles in den Sand setze.

Sie haben sich wahrscheinlich auch schon das eine oder andere Mal unqualifiziert gefühlt. Vielleicht hatten Sie nicht das zweifelhafte Vergnügen, darüber via YouTube informiert zu werden, wussten aber auch so Bescheid.

Ich glaube, dass wir alle hin und wieder insgeheim mit Inkompetenzgefühlen zu kämpfen haben. Wir fragen uns, ob wir die Erwartungen erfüllen können, die an uns gestellt werden, und haben Angst, nicht zu genügen – was auch immer das für unsere konkrete Situation bedeuten mag.

Es kann ein Wesens- oder Charakterzug sein, irgendein Makel oder eine Schwäche, die Sie unbedingt verbergen möchten, wie beispielsweise ungezügelte Lust oder Jähzorn oder auch eine Sucht. Selbst wenn es etwas ist, das schon lange zurückliegt, leben Sie vielleicht ständig in geheimer Angst, dass es eines Tages mit Macht ans Licht kommen und alles zerstören könnte, was Sie sich aufgebaut haben.

Vielleicht hat es auch mit Ihrer unserer Rolle als Vater oder Mutter zu tun. Im Job haben Sie alles im Griff, nehmen es dort mit den Besten auf, aber privat sieht es ganz anders aus. Sie haben keine Ahnung, wie Sie mit Ihrem Teenager umgehen und ihn erziehen sollen und fühlen sich der Aufgabe absolut nicht gewachsen. Dabei ist Ihnen völlig klar, wie gefährlich dieser Zustand ist. Oder ganz tief in Ihrem Inneren wissen Sie, dass Sie in den geistlichen Dienst gehen sollen. Vielleicht gar nicht in den vollzeitlichen Dienst, aber auf jeden Fall in einen wichtigen geistlichen Dienst, sollen vielleicht ein Leiter/eine Leiterin, sein, jemand, der/die Entscheidungen trifft und Risiken eingeht. Doch Ihre Erfolgsbilanz ist bisher alles andere als beeindruckend, so dass Sie der Gedanke, sich da hinaus zu begeben, in panische Angst versetzt. Was, wenn Sie versagen? Und was ist, wenn durch Ihr Versagen andere mit in den Abgrund gerissen werden?

Viele Menschen kämpfen ihr Leben lang mit solchen inneren Zwiespälten. Ständig diskutieren und verhandeln sie mit den Stimmen in ihrem Kopf, die ihnen sagen, dass sie nicht genügen, dass sie absolut und gigantisch *unqualifiziert* sind.

In einem anderen meiner Bücher, *Crash the Chatterbox* (zu deutsch etwa: *Zerschlag den negativen Gedankenkreis*), geht es darum, wie wir eigene negative Gedanken sortieren. Im vorliegenden Buch soll es nun nicht darum gehen, einfach das zu ändern, was uns im Kopf herumschwirrt oder was wir sagen, sondern zu verstehen, wer wir *zurzeit* sind, damit wir *werden* können, wer wir sein sollten und wie wir gedacht sind. Es geht in dem Buch darum, die Vorurteile und Annahmen, die wir über uns selbst haben, schonungslos aufzudecken und zu überprüfen. Es geht darum zu erkennen, dass Gott die Quelle und der Ursprung unserer Zulänglichkeit ist.

Und ich habe in diesem Zusammenhang eine gute Nachricht für Sie. Wenn Sie sich einmal die großen Männer und Frauen der Bibel anschauen, dann finden Sie bei ihnen allen eine Gemeinsamkeit: Sie sind *alle* unqualifiziert. Gott hat nämlich die Angewohnheit, genau solche Leute auszusuchen, die leicht übersehen werden.

Bestehen oder Durchfallen

Haben Sie schon jemals überlegt, wer – oder was – eigentlich wirklich qualifiziert und befugt ist, Sie zu beurteilen? Wer hat letztlich das Recht, zu bestimmen, ob Sie ein Erfolg sind oder ein Flop?

Diese Frage zu beantworten ist gar nicht so einfach, wie es scheint.

Denken Sie beispielsweise einmal an das Bewertungssystem, mit dem die meisten Menschen als erstes Erfahrungen machen: die Schulnoten. Schulen investieren jede Menge Geld und Arbeit in die Entwicklung von Tests und Leistungsstandards. Sie versuchen, die Bildungsfortschritte der Schüler mit einem allgemeingültigen System von Zahlen und/oder Buchstaben zusammenzufassen. Vielleicht liegt Ihre Schulzeit schon etwas länger zurück, aber erinnern Sie sich noch, wie sich damals Ihr gesamtes Universum um Noten drehte? Vielleicht war es auch nicht so, aber Ihre Eltern fanden, es müsste eigentlich so sein – in dem Fall war Ihr Zeugnis vermutlich unterirdisch. Im Grunde war es wahrscheinlich eine Art Vorgeschmack auf das Jüngste Gericht, nur ohne Cherubime und den weißen Thron.

Wie haben Sie sich gefühlt, wenn Sie eine Note hatten, mit der Sie aus dem Schneider waren? Wahrscheinlich waren Sie erleichtert, ihre Eltern waren glücklich, und das Leben war schön.

Aber bedeutete diese Note wirklich, dass Sie den Stoff kapiert und nachhaltig gespeichert hatten? Oder hieß es lediglich, dass Sie gut waren im Klausuren-Schreiben – oder vielleicht auch nur im Schummeln? Und was noch wichtiger ist, sagte Ihre Note auch etwas darüber aus, ob Sie das Gelernte auch anwenden konnten?

Vielleicht waren Ihre Noten ja so schlecht, dass Sie nicht versetzt wurden. Bedeutete das nun automatisch, dass Sie auch im Leben scheitern würden? Bedeutet die Tatsache, dass Sie die Amerikanische Revolution vor Kolumbus datiert hatten oder die Formel für die Quadratische Gleichung nicht wussten oder das Periodensystem mit dem weiblichen Zyklus in Zusammenhang gebracht und dem Bereich der Biologie zugeordnet hatten, dass Sie ein für alle Mal zum Scheitern verurteilt waren, zumindest aber zu einem geringwertigeren Leben?

Die meisten Loser sind wahrscheinlich alt genug, um zu wissen, dass eine Zahl mit einem Komma zwar bedeutsam sein kann, aber in der Regel nicht schicksalsentscheidend ist. Es gab und gibt seit jeher zahllose Menschen, die in den herkömmlichen Bildungseinrichtungen nicht zurechtkamen und diese entweder freiwillig verließen oder daraus entfernt wurden – von Abraham Lincoln über Walt Disney bis hin zu Bill Gates.

Dieses ganze Beurteilen und Bewerten und Für-qualifiziert-Erklären (oder eben nicht) hört ja mit der Schule bzw. dem Studium nicht auf, weil es so tief verwurzelt ist in unserer Kultur und unserer Psyche. Schauen Sie sich doch nur die Klischees an.

Die Klausur bestehen.

Den Schnitt schaffen.

Es nicht schaffen.

Die Note erreichen.

Den Anforderungen gewachsen sein.

Sich seine Sporen verdienen.

Seinen Beitrag leisten.

Wir analysieren und beurteilen einander permanent. Wir beurteilen Menschen nach unserem Maßstab – direkt oder unausgesprochen –, um sie einzuschätzen und festzustellen, ob sie unseren Ansprüchen genügen können. Dann akzeptieren wir sie entweder oder weisen sie zurück; wir loben oder kritisieren sie; wir huldigen ihnen oder machen sie lächerlich. In der Schule unserer eigenen Ansichten und Meinungen führen wir doch alle insgeheim Prüfungen durch.

Aber genau wie bei den Schulnoten ist es auch hier so, dass diese Noten nie die ganze Geschichte erzählen. Es sind konstruierte, künstliche Instrumente, um etwas zu messen, das sich eigentlich nicht auf eine Zahl, einen Buchstaben oder ein Wort reduzieren lässt.

Trotzdem versuchen wir es weiter, weil wir Menschen sind und weil Menschen das nun mal tun.

Normalerweise beurteilen wir Menschen nach *Charakter* und *Kompetenz*.

Beim Charakter geht es darum, wer wir sind. Dazu gehören nicht nur unser Name und unsere Nationalität, sondern unsere Persönlichkeit, unsere moralischen Maßstäbe, unsere Werte, wie wir emotional aufgestellt sind, unsere Vorlieben und Abneigungen, unser Geschmack, unser Benehmen – die Liste ließe sich beliebig fortsetzen.

Bei Kompetenz geht es um das, was wir tun. Es ist die komplexe Gesamtheit dessen, was wir gelernt haben, unserer Leistungen, Begabungen, Aktivitäten und unseres Potenzials. Kompetenz beschreibt unsere Leistung in dem, was wir tun.

Unsere Kompetenz steht meist viel stärker im Vordergrund als unser Charakter. Das, was wir *tun*, sorgt für Schlagzeilen, füllt die Seiten unseres Lebenslaufes und ist so stark mit unserer Identität verknüpft, dass wir oft meinen, es *sei* unsere Identität.

Aber früher oder später hat doch der Charakter das letzte Wort. Wir bekommen vielleicht einen Job aufgrund unserer Kompetenz, weil wir schon bewiesen haben, wie tüchtig wir sind, aber gemocht und akzeptiert werden wir dafür, wer und wie wir sind. Und letztlich wird ja auch unser Handeln dadurch bestimmt, wer wir sind. Man kann sich nicht ewig verstellen, weil das irgendwann zu anstrengend wird, und dann kommt immer unser wahres Gesicht zum Vorschein. Dann zeigt sich, wer man wirklich ist.

Schon in dem Moment, in dem wir einen Menschen kennenlernen, machen wir uns ein Bild, wie er wohl ist. Das geschieht meist gar nicht bewusst und in der Regel auch nicht in böser Absicht. Wir sammeln automatisch Anhaltspunkte für den Charakter und die Kompetenz des anderen und ordnen ihn entsprechend ein – mit uns selbst als Bezugsgröße.

Werden wir Freunde? Möchte ich diesen Menschen näher kennenlernen oder bleibt es besser bei einer lockeren Bekanntschaft? Kann diese Person mir beruflich weiterhelfen? Braucht sie Hilfe? Ist sie eine Bedrohung für mich? Hat sie mir etwas zu bieten oder ich ihr?

Es wäre jetzt einfach, darüber zu jammern und zu klagen, wie egoistisch das alles klingt, und dann festzustellen, dass der Maßstab, den wir bei anderen anlegen, lächerlich subjektiv und heuchlerisch ist, aber ich glaube nicht, dass wir den Menschen damit gerecht würden. Natürlich haben unsere Beziehungen zu anderen Menschen auch etwas Subjektives und Egoistisches. So ist es nun mal einfach in einer gefallenen Welt, und uns so zu verhalten ist ein Teil unseres Selbsterhaltungstriebs.

Es ist einfach unrealistisch zu erwarten, dass wir einander unbesehen und ohne weitere Prüfung einfach so annehmen. Und es ist auch nicht gesund, davon auszugehen, dass jeder unser bester Freund ist und nur unser Bestes im Sinn hat. Deshalb hat Jesus gesagt, dass wir klug wie die Schlangen und ohne Hinterlist wie die Tauben sein sollen.

Bei alldem sollten wir allerdings eines bedenken: Wir sind nicht besonders gut darin, andere zu beurteilen. Haben Sie das auch schon einmal festgestellt? Und mit unserer Fähigkeit, uns selbst zu beurteilen, sieht es ehrlich gesagt auch nicht besser aus.

Das Problem dabei ist gar nicht in erster Linie unser Hang, überhaupt andere zu beurteilen und einzuordnen, sondern die Ungenauigkeit unserer Beurteilung.

Und ich glaube, genau das war es auch, was ich an der Bemerkung meines Kritikers auf YouTube so unverschämt fand. Woher hatte denn der Typ überhaupt seine Informationen? Nach welchem Maßstab beurteilte er mich, und wer oder was berechtigte ihn zu einem solchen Urteil?

Ich will hier jetzt gar nicht über sein Urteilen urteilen, denn das wäre wirklich pure Ironie, aber ich muss entscheiden, wie ich darauf reagieren will. Damit meine ich keine öffentliche Reaktion, sondern etwas viel Wesentlicheres, nämlich eine Antwort auf die Frage, wie ich mich eigentlich selbst sehe und einschätze und wie ich auf die Kritik, die Beurteilungen und Einordnungen einer Welt reagiere, die geradezu besessen ist von Urteilen und Bewertungen? Wie gehe ich mit meinen eigenen Zweifeln, meiner Unsicherheit und meinen Versagensängsten um?

Die Antwort darauf ist eine andere, als man vermuten würde, jedenfalls war es bei mir so, als ich mich intensiver damit beschäftigte.

Was qualifiziert mich eigentlich?

Früher habe ich immer gedacht, dass die Reaktion auf mein Versagen darin bestehen müsse, es zu beheben. Ich war der Meinung, dass der Umgang mit meinen Schwächen zum Ziel haben müsste, sie durch Stärken zu ersetzen. Ich glaubte, das Geheimnis des Erfolges bestehe darin, möglichst perfekt, fehlerlos und so übermenschlich wie möglich zu wirken, und ich kam zu dem [illegible] dass es mein Charakter und meine Kompetenz sind, die [illegible]lifizieren oder eben disqualifizieren.

Doch der Maßstab, nach dem Gott uns beurteilt, ist ein ganz anderer als unser eigener. Das gilt auch für seinen Umgang mit unseren Schwächen. Wir müssen deshalb andere Kriterien finden, statt unsere Schwächen hervorzuheben und uns geradezu zwanghaft mit unseren Mängeln zu beschäftigen, sodass sie uns immer monströser vorkommen.

In den folgenden Kapiteln werden wir uns mit der Frage beschäftigen, was es bedeutet, nach Gottes Maßstab qualifiziert zu sein, und ich glaube, dass es die Art, wie wir uns selbst und andere sehen, auf den Kopf stellen wird. Bei mir war es jedenfalls so.

Wenn Ihnen klar wird, wie Gott Sie sieht, werden Sie zu der Freiheit und dem Selbstvertrauen gelangen, das er sich für Ihr Leben wünscht.

Und – nebenbei bemerkt – werden Sie beides niemals durch menschliche Fähigkeiten erreichen. Das ist eine Sackgasse. Sie können niemals so perfekt oder fehlerfrei sein, dass Sie allein auf dieser Basis Frieden mit sich haben können.

Frieden und Selbstvertrauen entstehen nur durch eines: durch Annahme.

In einer Kultur, die völlig fixiert ist auf Selbsthilfe und Selbstoptimierung, mag Ihnen dieser Gedanke vielleicht spontan widerstreben, aber es stimmt trotzdem.

Als Erstes geht es dabei um *Gottes bedingungslose Annahme Ihrer Person.* Gott kennt Ihre wahre Identität, und er liebt Sie genau so, wie Sie sind.

Als Zweites geht es aber auch um *Ihre Selbstannahme, einschließlich Ihrer Schwächen.* Das bedeutet zum einen, sich auch den Aspekten der eigenen Persönlichkeit zu stellen, die man vielleicht lieber einfach übergehen würde, und zum anderen bedeutet es, genau zu wissen, wer man in und durch Jesus ist (und wer nicht).

Und drittens geht es dabei darum, den *Prozess zu akzeptieren, in dem Gott uns verändert.* Gottes Wirken in unserem Leben hat nicht zum Ziel, unser wahres Selbst zu unterdrücken oder gar auszulöschen, sondern es soll die beste Version unser selbst zum Vorschein bringen.

Diese drei Begriffe – Identität, Schwäche und Veränderung – werden im Laufe des Buches immer wieder vorkommen, weil sie unmittelbar damit zu tun haben, fähig und qualifiziert zu sein.

Die drei haben eine Art zyklische Beziehung zueinander, die so funktioniert: Ich kenne mein „wahres Ich" – meine Identität – nur zu gut. Ich weiß, dass ich viele Schwächen habe, was bei mir das Gefühl hervorruft, nicht qualifiziert zu sein. Ich versuche also, mich zu ändern und meine Schwächen zu beheben, aber schon bald macht sich die Realität bemerkbar. Ich merke, dass ich mich nicht selbst in Ordnung bringen kann, mit der Folge, dass meine Identität noch mehr leidet und ich mich noch weniger qualifiziert bzw. noch unfähiger fühle. Solange ich auf meine mangelnde Qualifikation nur mit noch mehr Anstrengung reagiere, sitze ich in einem Teufelskreis fest.

Macht bei Ihnen Ihr Versagen manchmal einen dermaßen heftigen Lärm, dass Sie Ihre Möglichkeiten und Chancen gar nicht mehr wahrnehmen? Sabotieren Ihre Selbstzweifel manchmal einen möglichen Erfolg schon, bevor Sie überhaupt zur Tür hinaus sind?

Die Kluft zwischen dem Menschen, der wir sind, und der

Aufgabe, die wir gern bewältigen möchten, kann sich unendlich groß anfühlen, und am Ende stellt sich die Frage: *Bin ich dafür eigentlich qualifiziert?*

Um es gleich vorwegzunehmen – die Frage an sich ist nicht das Problem. Natürlich sollten Sie sich die Frage stellen, ob Sie für eine Aufgabe qualifiziert sind. Besonders dann, wenn Sie ein Flugzeug lenken oder Menschen am offenen Herzen operieren. In dem Fall überprüfen Sie bitte auf jeden Fall ganz genau Ihre Ausbildung, Ihr Wissen und Ihre Erfahrung. Man wird es Ihnen danken. Und es gibt ganz sicher auch ethische und moralische Standards, die nicht nur im geistlichen Dienst, sondern auf allen Gebieten gelten und aufrechterhalten werden sollten.

Wenn es aber um eher subjektive Fragen geht, dann vergessen Sie nicht, dass Ihre eigene Einschätzung nicht unfehlbar ist.

Und vielleicht – nur vielleicht – überschätzen Sie ja auch Ihre Unzulänglichkeiten und unterschätzen Ihre Gaben. Vielleicht ist ja die Tatsache, dass Sie die Erwartungen anderer oder ihre eigenen nicht erfüllen, gar kein K.o.-Kriterium. Vielleicht möchte Gott ja gerade etwas tun, das außerhalb Ihrer Fähigkeiten und Möglichkeiten liegt, und lässt sich durch Ihre Grenzen und Ihr Versagen viel weniger einschüchtern als Sie selbst.

Je mehr ich mich damit beschäftige, was die Bibel zu diesem Thema sagt, desto überzeugter bin ich, dass wir ein umfassenderes Verständnis von uns selbst und von Gott brauchen und dass wir unserer eigenen Meinung über unsere Schwächen und Probleme nicht zu viel Gewicht beimessen sollen.

Das Gefühl, nicht qualifiziert zu sein, führt nämlich oft zu einem sonderbaren Verhalten. Wir tun so, als bekämen wir alles bestens geregelt, obwohl gerade alles zusammenbricht. Oder wir glauben, dass alles zusammenbricht, obwohl gerade alles wieder zurechtkommt. Ständig vergleichen wir, und wir manipulieren und intrigieren, weil wir glauben, dass Tricksen die einzige Möglichkeit ist, das zu bekommen, was wir haben wollen.

Unsicherheit, Vergleichen, Manipulieren, Vortäuschen – das alles sind Folgen eines falschen Verständnisses davon, was es bedeutet, von Gott bejaht und qualifiziert zu sein.

Doch Gottes Lösung für unsere Defizite besteht gar nicht unbedingt darin, sie zu beheben. Wie wir auf den folgenden Seiten sehen werden, hat er eine viel bessere Idee.

Paradoxer Glaubensvater

Einer der dramatisch unqualifiziertesten biblischen Helden, den ich mir vorstellen kann, ist Jakob. Ich habe mich vor einer Weile bei der Vorbereitung einer Predigtreihe sehr intensiv mit seinem Leben beschäftigt, und dann kam mir wie aus dem Nichts ein ebenso erschütternder wie ernüchternder Gedanke:

Gott kann die Person nicht segnen, die man nur vorgibt zu sein.

Bevor mir dieser Gedanke kam, hatte ich mich gefragt, wieso um Himmels willen ich beschlossen hatte, fünf Wochen lang ausgerechnet über diesen paradoxen Glaubensvater zu predigen. Es stellte sich nämlich heraus, dass er der komplizierteste biblische Antiheld war, mit dem ich mich je befasst hatte. Die meisten Geschichten, in denen Jakob eine Rolle spielt, sind wie eine Folge aus der Serie *Die Sopranos* – man weiß nicht, zu wem man halten soll, weil einer so verkorkst ist wie der andere. Wie in der Situation, als Jakobs Onkel ihn betrunken macht und Jakob daraufhin in seiner Hochzeitsnacht aus Versehen mit der falschen Frau schläft.

Jakob war ein Lügner, ein Betrüger, ein Trickser, ein Gauner und ein Hochstapler. Einen Großteil seines Lebens wurde er von den Konsequenzen eigener schlechter Entscheidungen verfolgt und musste in dem Chaos leben, das er dadurch selbst verursacht hatte. Wenn also jemand die Bezeichnung „ungeeignet" bzw. „unqualifiziert" verdient hätte, dann Jakob. Er war nicht unbedingt der Typ, aus dem ordentliche Predigtgliederungen und Sonntagsschullektionen gemacht sind.

Und trotzdem wurde er von Gott erwählt, berufen und reich gesegnet. Und am Ende spielte Jakob sogar eine wichtige Rolle in Gottes Heilsplan für diese Welt. Er taucht in der Bibel als eine der wichtigsten und zugleich als eine der verkorkstesten Gestalten auf.

Als ich an jenem Donnerstagnachmittag über meiner Bibel und meinen Notizen saß, traf mich wie aus heiterem Himmel die Erkenntnis, dass ich in vielerlei Hinsicht ganz genauso bin wie Jakob. Wenn auch natürlich nicht annähernd so wichtig für den Lauf der Menschheitsgeschichte. Aus rein menschlicher Sicht bin ich ganz genau so unqualifiziert wie er, aber in Gottes Augen auch ganz genau so wertvoll und geliebt.

Ich merke oft selbst, dass ich mich – genau wie Jakob – verstelle und tue, als wäre ich jemand anders, weil mir so peinlich ist, wie ich wirklich bin. Das liegt daran, dass ich dann meine Schwächen für das Problem halte und glaube, die Lösung könnte darin bestehen, dass ich einfach so lange so tue, als wäre ich schon so, wie ich gern sein möchte, bis ich es schaffe, wirklich so zu sein.

Aber Gott kann ja niemanden segnen, der ich gar nicht bin. Er möchte mich so gern segnen, aber nur *mein wahres Ich*, mit all seinen Stärken und Schwächen und Widersprüchen.

Je intensiver ich mich mit der Geschichte von Jakob auseinandersetzte, desto klarer wurde mir, dass es Gott selbst ist, der dafür sorgt, dass wir qualifiziert sind für das, wozu er uns beruft. Jakob ist ein Paradebeispiel dafür, was für ein Durcheinander und heftige Verwicklungen durch persönliche Schwächen entstehen können, aber er ist auch ein spektakuläres Beispiel dafür, wie jemand es schafft – wenn auch erst gegen Ende seines Lebens –, seine Unzulänglichkeiten zu akzeptieren, über sie hinauszublicken und Gott zu vertrauen.

Erst als er das endlich tat, übernahm Gott. Er setzte Jakobs Grenzen außer Kraft und übertrumpfte selbst dessen Unfähigkeit.

Jakob war absolut und auf schmerzliche und spektakuläre Weise menschlich. Das ist wahrscheinlich auch der Grund, weshalb sein Leben mich so klar und deutlich anspricht. Ich kann mich besser in sein Versagen und in seine Fehlschläge hineinversetzen als in seine Heldentaten, und ich nehme an, dass es Ihnen nicht anders geht.

Was ich durch die intensive Beschäftigung mit Jakob gelernt habe, hat mein Denken radikal verändert, und deshalb werde ich in den letzten paar Kapiteln dieses Buches auch noch ausführlicher und detaillierter auf Jakobs Leben eingehen. Seine Geschichte ist nämlich ein faszinierendes Beispiel dafür, wie die Kraft Gottes in unserer Schwäche wirkt.

Letztlich hat Gott Jakob nicht trotz seiner Schwächen, sondern durch seine Schwächen befreit, gerettet, weiterentwickelt und neu ausgerichtet, und das Gleiche kann er auch bei Ihnen und mir tun.

An dem Tag, an dem mich der Theologe auf YouTube darüber informierte, dass ich unqualifiziert sei, erinnerte mich Gott an einen Bibelvers, in dem es um unsere Befähigung geht.

Wir halten uns selbst nicht dazu fähig, irgendetwas zu bewirken, was bleibenden Wert hätte. Unsere Kraft dazu kommt von Gott. Er hat uns befähigt dazu, Diener seines neuen Bundes zu sein, eines Bundes, der nicht auf schriftlichen Gesetzen beruht, sondern auf dem Geist Gottes. Der alte Weg führt in den Tod, aber auf dem neuen Weg schenkt der Heilige Geist Leben. (2. Korinther 3,5-6, Neues-Leben-Übersetzung).

Und plötzlich fühlte ich mich befreit.

Ja, *unqualifiziert* passt sehr gut. Das hat was. Und ich befinde mich dabei in allerbester Gesellschaft – angefangen bei Jakob.

Also nur zu, schreiben Sie es auf meine Visitenkarten und auch auf meine Twitter-Vita.

Gott hat mich berufen. *Gott* hat mich ausgerüstet. *Gott* hat mir Türen geöffnet. Meine Qualifikation oder das Fehlen selbiger hat demnach offenbar keine besonders große Rolle gespielt.

Ich hatte also doch ein wenig festen Boden unter den Füßen bei der Verteidigung meines Stammbaums im geistlichen Dienst. Aber warum? Tatsache ist: Gott segnet meine Bemühungen trotzdem, und zwar mehr, als ich es je verdient hätte.

Und das ist erstaunlich! Wieso sollte ich mir da wünschen, meinen Einfluss und meinen Erfolg lediglich auf das zu beschränken, wozu ich qualifiziert bin?

„Unqualifiziert" war also gar keine Kritik, sondern ein Kompliment. Zugegeben, ein unbeabsichtigtes und zweifelhaftes Kompliment, aber nichtsdestotrotz ein Kompliment. Ich wurde in aller Öffentlichkeit daran erinnert, dass Gott an mir und durch mich viel mehr für mich getan hat, als ich verdient habe.

Ich hoffe, das klingt jetzt nicht stolz, weil es das nämlich wirklich nicht ist. Ich glaube sogar, dass es das Gegenteil von stolz ist, nämlich demütig. Echte Demut bedeutet nicht, sich selbst schlechtzumachen, sondern anzuerkennen, dass man alles Gott zu verdanken hat. Es bedeutet, die eigene Bestimmung anzunehmen, und zwar nicht auf der Grundlage dessen, wer man ist oder was man kann, sondern aufgrund dessen, wer Gott ist und was er durch einen tun will.

Ich bin überzeugt davon, dass der zitierte Theologe Gott und die Gemeinde liebt. Wenn wir irgendwann beide im Himmel sind, lade ich ihn vielleicht mal zu mir nach Hause ein auf ein paar Erdnüsse, und vielleicht lachen wir dann zusammen über die ganze Geschichte.

Aber im Moment ist das, was einer anderen Person einfällt, wenn sie meinen Namen hört, nicht das Wichtigste. Das Wichtigste ist, was *Gott* und was *mir selbst* bei meinem Namen einfällt.

Am Ende habe ich mir diesen kleinen Teil des Interviews noch mindestens fünfmal mehr angeschaut und beim letzten Mal dann laut gelacht. Ich habe den Link an ein paar Freunde geschickt und sogar ganz kurz überlegt, wie lustig es wäre, ihn über Instagram zu verbreiten.

Dann machte ich mich für den Gottesdienst fertig. Vor dem Gottesdienst betete ich noch mit dem Team, wie ich es fast immer tue, fügte aber am Ende noch einen Satz hinzu, den ich sonst nicht betete. Mein Team fragte sich wahrscheinlich, was um Himmels willen ich meinte, aber ich selbst musste lächeln und war von einer seltsamen Zuversicht und Dankbarkeit erfüllt, als ich betete: „Und danke, Herr ... dass wir unqualifiziert sind."

Das dritte Wort

„Ich bin Steven."

Das habe ich schon Tausende Male gesagt und es auch beinah genauso oft buchstabiert, denn wenn ich nicht extra darauf hinweise, schreiben die Leute meinen Vornamen immer mit ph statt mit v.

Ganz zu schweigen von meinem Nachnamen Furtick.

Was ist der Kernbegriff der Aussage: *Ich bin Steven?* Es ist der Name Steven, richtig? Der Name benennt mich, identifiziert mich. Die ersten beiden Worte – ich bin – sind nur dazu da, die Aussage zu bilden. Sie haben für sich allein keinen Sinn, sind einsilbiges Beiwerk.

Aber stimmt das wirklich?

Behalten Sie diesen Gedanken einmal kurz im Kopf.

Zwei

Das Name-Game

Ich habe eine – zugegebenermaßen ziemlich seltsame – Phobie.

Ich habe Angst, Leute, die ein Baby erwarten, zu fragen, wie ihr Nachwuchs heißen soll. Woran das liegt? Ich glaube daran, dass – wie sage ich das jetzt am besten? – die Menschen immer „kreativer“ werden bei der Namensgebung.

Natürlich ist es das gute Recht von Eltern, ihren Kindern genau den Namen zu geben, den sie für richtig halten, das ist mir schon klar. Der Grund, weshalb ich nicht fragen mag, ist der Umstand, dass ich einfach nicht in der Lage bin, mich bei der Reaktion auf ihre Antwort zu verstellen.

Wenn ich frage: „Und, wie soll es denn heißen?“, und sie nennen einen Namen, für den ihr Kind spätestens in der Mittelstufe gemobbt werden wird, dann reagiere ich mit großer Wahrscheinlichkeit mit einem erstaunten: „Aha ...“, und das ist in aller Regel nicht die Reaktion, die sich werdende Eltern wünschen. Deshalb stelle ich die Frage einfach nicht mehr. Es hängt einfach zu viel Verantwortung daran. Ich erfahre den Namen lieber schriftlich, wenn niemand dabei ist und ich reagieren kann, ohne die Gefühle von jemandem zu verletzen.

Nur fürs Protokoll: Mein erster Vorname ist gar nicht Steven, sondern Larry. Mein korrekter, offizieller Name ist also

Larry Stevens Furtick Jr. Dass ich mit zweitem Vornamen *Steven* heiße, liegt daran, dass der zweite Vorname meines Vaters auf seiner Geburtsurkunde falsch geschrieben war. Statt das zu ändern, hat der Gute den Fehler bei der Beurkundung meiner Geburt einfach übernommen. Vielen Dank auch, Dad.

Es hätte aber auch noch schlimmer kommen können, denn ursprünglich wollte mein Vater mich Clem nennen, und schon allein der Gedanke daran lässt mich schaudern. Meine Großmutter hat nämlich an der Clemson University in South Carolina ihren Abschluss gemacht, und mein Vater fand es unglaublich geistreich, mich später einmal „Clem! Son! Komm mal her, Clem, Son!" rufen zu können.

Zum Glück konnte meine Mutter diesen Wahnsinn gerade noch rechtzeitig verhindern.

Aber es gibt noch schlimmere Namen. Vor kurzem hat mir ein Mitarbeiter aus der Gemeinde von jemandem erzählt, der sein Kind La-a genannt hat. (Das wird genau so ausgesprochen, wie man es schreibt.)

Ich kann Ihnen gar nicht sagen, was für Gedanken mir durch den Kopf gingen, als ich das hörte. Du tust mir so leid, La-a, wo auch immer du gerade bist. Wir beten für dich. Ganz besonders beten wir dafür, dass die Engel deinen Namen richtig buchstabieren, wenn sie ihn ins Buch des Lebens schreiben.

Zum Glück für die Clems und La-as dieser Welt werden wir zwar mit unserem Namen gerufen, aber unser Name bestimmt nicht, wer wir sind. Er beschreibt nicht unsere Persönlichkeit. Unser Name sagt nichts darüber aus, wer wir wirklich sind, nichts über unsere Träume, unsere Gefühle, unser Potenzial und das, wofür wir uns begeistern.

Ich glaube, die meisten Menschen wissen, dass sie mehr sind als ihr Name, aber wie viel Mühe setzen wir ein, um herauszufinden und zu verstehen, was uns antreibt und wovon wir uns bestimmen lassen?

Wenn wir eine verzerrte Wahrnehmung davon haben, wer wir wirklich sind, dann leidet unser seelisches Gleichgewicht darunter, und deshalb tut es auch so weh, wenn wir scheitern oder hinter den Erwartungen zurückbleiben. Unsere Defizite scheinen der Beweis dafür zu sein, dass wir von Grund auf fehlerhaft sind, und das lässt uns an unserem Wert und unserer Identität zweifeln.

Aber wie ich ja bereits im vergangenen Kapitel festgestellt habe, sieht Gott uns nicht so, wie wir selbst uns sehen. Sein Maßstab und seine Beurteilungskriterien sind anders als unsere, doch solange wir nicht wissen, wie er denkt und uns sieht, werden wir unsere Erfolge und Niederlagen als einzige Indikatoren für unseren Wert betrachten. Das wiederum führt unweigerlich zu übertriebenen, immer wieder anderen Schlussfolgerungen darüber, ob wir fähig und qualifiziert sind oder nicht. Und eine Identität, die auf Gefühlen der Unzulänglichkeit beruht, ist etwas ziemlich Gefährliches.

Ich möchte, dass wir uns im Folgenden einmal selbst anschauen in Bezug auf unsere Identität, und, was vielleicht noch wichtiger ist, ich möchte, dass wir uns mit unserer eigenen *Interpretation* unserer Identität beschäftigen. Wissen wir eigentlich, wer wir wirklich sind? Und stimmt unser Bild von uns selbst mit dem überein, was Gott darüber sagt, wer wir sind? Und was tun wir, wenn die beiden Vorstellungen nicht übereinstimmen? Wie gehen wir mit der Diskrepanz um?

Das ist kompliziert, weil *wir* kompliziert sind, aber zum Glück sieht die Bibel diese Komplikationen voraus.

Was kommt in die Lücke?

Vor fast viertausend Jahren berief Gott aus einem brennenden Dornbusch heraus einen Mann namens Mose. Die Geschichte ist im 2. Mose Kapitel 3 nachzulesen, und wenn Sie schon länger mit Glauben und Kirche zu tun haben, dann haben Sie sie bestimmt schon einmal gehört. Hier noch einmal kurz die Geschichte, gewürzt mit ein paar Details, die meiner Phantasie entsprungen sind.

Gott trifft Mose mitten in der Wüste und präsentiert ihm einen umwerfenden Plan. Er will, dass Mose nach Ägypten – die damals mächtigste Nation der Welt – geht und den Pharao dort auffordert, die Millionen israelitischen Sklaven freizulassen, die für ihn arbeiten. Das verschlägt Mose wirklich die Sprache, allerdings nicht im positiven Sinn. Schon allein bei der Vorstellung fängt er an zu schwitzen und zu stottern und zu hyperventilieren.

Also fragt Mose Gott erst einmal, wie er denn überhaupt heißt, in dem verzweifelten Versuch, irgendetwas zu finden, das ihm dabei helfen könnte, den Israeliten diesen unglaublichen Plan plausibel zu machen.

Instinktiv ist Mose klar, dass das Allerwichtigste in diesem Moment die Frage ist, mit wem er es hier überhaupt zu tun hat. Wer da aus dem brennenden Busch heraus zu ihm spricht, ist viel wichtiger als seine eigenen Fähigkeiten, sein Bildungsstand und sein Lebenslauf und auch wichtiger als die Macht des Pharaos oder die Politik, die Ägypten verfolgt, oder wie er es anstellen soll, von jetzt auf gleich ein Gegner der Sklaverei zu werden.

Und Gott ist bereit, Mose zu sagen, wer er ist, und ihm seinen Namen zu nennen.

„Mose, mein Name ist ... Der Ich bin."

Es folgt eine lange, unbehagliche Pause, in der sich Mose vorbeugt und lauscht, ob der Busch sein Geheimnis preisgibt: *Sprich weiter, ich höre zu. Du bist ... was? Ja, wer denn nun? ... Moment ... ist das etwa alles? Einfach nur „Der ich bin"? Da fehlt doch was.*

Aber mehr sagt Gott nicht. Dafür, dass er ein vollkommener Gott ist, hat er offenbar eklatante Probleme mit der Grammatik. Weiß er denn nicht, dass da noch ein Nomen kommen muss, weil sonst die Aussage unvollständig ist?

Vielleicht ist in dieser Aussage eine Botschaft für Mose – und für uns alle – enthalten: nicht das *Ich bin* einfach überspringen. Füllen Sie nicht leichtfertig in die Lücke ein, wer Sie sind.

Denken Sie einmal über diese beiden Worte nach: *Ich bin.* Nur zwei kleine Silben, aber die stärkste, ja, umwälzendste Aussage, die man machen kann. Darin steckt eine Kraft, die von der Vergangenheit befreien, durch die Gegenwart lotsen und den Rahmen für die Zukunft stecken kann.

Ich bin hier nicht irgendwie mystisch, sondern es handelt sich um etwas sehr Konkretes und Praktisches. Gott hat genau diesen Ausdruck gewählt, um sich selbst präzise zu beschreiben, weil Identität und Selbstbild grundlegende Lebensprinzipien sind. Das ist ein ganz wesentlicher und großer Aspekt der *„Ich bin"*-Offenbarung Mose gegenüber.

Dennoch braucht der Name Gottes kein weiteres Wort, weil Gott alles und jeder ist, was er im Moment gerade sein muss. Er ist die Fülle, er ist die Vollendung, er ist die Erfüllung jedes Bedürfnisses und jedes nur denkbaren Verlangens. Man könnte beliebig Superlative aneinanderreihen und würde damit Gott nicht einmal annähernd gerecht, aber Sie und ich, wir Menschen, wir brauchen noch ein weiteres, ein drittes Wort. Wir müssen unsere Identität an konkreten, greifbaren und beschreibenden Begriffen festmachen. Wir müssen die Aussage vervollständigen, und das tun wir auch ständig, ob es uns bewusst ist oder nicht.

Auf der allgemeinsten, der Makroebene, ist dieser fehlende Begriff unser Name.

Aber das ist nur der Anfang.

Dieser Begriff ist nicht nur der Name, den uns unsere Eltern gegeben haben, oder der Spitzname, der uns damals auf der Klassenfahrt verpasst worden ist, und es geht bei diesem Begriff auch nicht um den Namen, den Sie bei der Tupperparty auf Ihr Namensschildchen schreiben, oder darum, wie Sie von Ihren Freunden genannt werden.

Wie würden Sie denn selbst den Satz *„Ich bin ...“* zu Ende bringen? Was würden Sie einsetzen? Wie würden Sie sich selbst beschreiben?

Es ist jedenfalls nicht so einfach, wie es sich anhört.

Wenn Sie zu einer Gemeinde gehören, dann bekommen Sie in der Regel jede Menge Hilfestellung bei der Beantwortung der Frage, wer Gott ist. Sie erfahren von seiner Liebe, seiner Heiligkeit, seiner Gerechtigkeit und seiner Güte. Es wird mit theologischen Begriffen wie *Allgegenwart*, *Allwissenheit* und *Allmacht* hantiert, und wir lernen, Gott in jeder herrlichen Einzelheit zu beschreiben, einschließlich der dazugehörenden Bibelstellen. Das ist natürlich gut und richtig und auch wichtig, aber wer *wir* sind, das wissen wir oft nicht. Und das ist eine verhängnisvolle Abkoppelung.

Es ist ja das Eine, zu wissen, wer *Gott* für Sie ist, aber wer sind *Sie selbst* für sich? Wie sehen Sie sich selbst? Vielleicht können Sie Gott beschreiben und definieren, aber passt das mit dem zusammen, wie Sie sich selbst beschreiben und definieren?

Denn es ist ja nicht so, dass wir uns nicht selbst definieren würden. Das tun wir sogar ständig. Wir füllen die Lücke, wer wir sind, aus, allerdings meist ganz unbewusst. Wir halten gar nicht lange genug inne, um zu merken, welches zusätzliche dritte Wort wir einsetzen, um zu beschreiben oder gar zu definieren, wer wir sind. Das geschieht wie automatisch – und ist unglaublich aufschlussreich. *Ich bin ein ziemlich guter Vater. Ich bin ein grottenschlechter Handwerker. Ich bin ein aggressiver Autofahrer. Ich bin ein mittelmäßiger Musiker. Ich bin erfolgreich. Ich bin ein Versager. Ich bin ...*

Ich spreche von *einem* zusätzlichen Wort zu dem *„Ich bin"*, aber in Wirklichkeit sind es oft viel mehr Wörter. Das „dritte Wort" kann auch eine Redewendung, ein ganzer Satz oder sogar eine Aufzählung sein. Es kann eine Befürchtung oder ein Gefühl sein, eine Erinnerung oder ein Trauma, aber es kann auch ein Vorwurf oder eine Anklage sein, die tief in unserer Psyche gespeichert ist.

Wir füllen diese Lücke nach dem *„Ich bin ..."* schon unser Leben lang aus, aber nur selten halten wir inne, um zu hinterfragen, ob das dritte Wort tatsächlich stimmt.

Ich muss dabei an die Lückentests in der Schule denken, bei denen ein Begriff oder manchmal auch zwei fehlten und die Aufgabe darin bestand, den richtigen Begriff in die entsprechende Lücke einzusetzen.

Auf den ersten Blick schien das ziemlich einfach, aber das war es oft gar nicht, denn für jede Lücke gab es eine – und nur eine – richtige Antwort. Entweder das eingesetzte Wort war richtig, oder es war falsch. Das war meistens richtig schwer.

Bei Multiple-Choice-Tests hatte man wenigstens eine Chance von 1:4, die richtige Antwort anzukreuzen, und bei offenen Fragen, zu denen man selbst eine Antwort formulieren musste, konnte man auch noch Punkte für Kreativität, Fleiß und allgemeines Gelaber einheimsen. Und in allgemeinem Gelaber war ich immer ziemlich gut.

Doch bei diesen gnadenlosen Lücken war das ganz anders. Da war kein Platz für Überflüssiges oder Fehler. Beim Lückentest ging es nur um die eine korrekte Antwort.

Und es gab nur eine Person – den Lehrer bzw. die Lehrerin –, die das Recht hatte zu entscheiden, was in die Lücke gehörte. Er oder sie traf die Entscheidung, wofür die Lücke stand.

Wer hat in Bezug auf Ihr Leben das Recht, diese Lücke auszufüllen und den richtigen Begriff einzusetzen? Sie selbst? Oder sind es Ihre Eltern, Ihre Freunde oder Ihre Lebensumstände?

Ich habe mir vor kurzem ein altes *60 Minutes*-Interview mit Bob Dylan angeschaut, in dem der Interviewer fragte, warum er sich Bob Dylan und nicht mehr Robert Zimmerman nenne?

„Man kann sich doch nennen, wie man will", antwortete Dylan auf die für ihn so typische nonchalante Art: „Das hier ist schließlich ‚the land oft the brave and the free'."[1]

Seinen offiziellen Namen kann man ja tatsächlich relativ problemlos ändern. Aus einem Zimmerman kann durch das Ausfüllen einiger Formulare und eine Unterschrift ganz einfach ein Dylan werden. Aber was ist mit den inneren Bezeichnungen und Namen, die Sie definieren? Wer entscheidet über die? Und was ist, wenn Ihnen das, was bei Ihnen bisher in die Lücke eingefüllt wurde, nicht gefällt? Lässt es sich noch ändern? Und wenn ja, in welchem Ausmaß ist das möglich, und in welchem Ausmaß sollte es dann auch geschehen?

Und gibt es denn auch hier nur eine richtige Antwort? Lassen sich all die Nuancen, die Komplexität und die Widersprüche Ihres Lebens so kurz und knapp zusammenfassen?

Das alles sind ganz praktische Fragen, die den Kern Ihres Selbstbildes und Ihres Identitätsgefühls betreffen.

Wahrscheinlich brauchen Sie sich ja inzwischen nicht mehr mit Lückentests herumzuschlagen, aber die *„Ich-bin"*-Fragen des Lebens sind eine noch viel größere Herausforderung, weil Sie sie tagtäglich beantworten. Und Ihre Antworten lenken wohl oder übel den Verlauf Ihres Lebens bzw. lenken ihn um.

Im Folgenden ein paar dritte Wörter, die ich ständig sowohl in meinem Kopf als auch laut aus meinem Mund höre: *Unfähig. Dumm. Stark. Getrieben. Verkorkst. Loyal. Verletzt. Überfordert. Gesegnet. Fähig. Enttäuscht. Kaputt. Hoffnungsvoll. Abgestumpft. Zufrieden.*

Kreisen Sie doch einmal im Geiste die Wörter ein, mit denen Sie sich identifizieren können, und ergänzen Sie welche, die Sie noch hinzufügen würden. Wie oft sagen oder denken Sie die betreffenden Wörter über sich selbst? Was glauben Sie, welche dieser Begriffe Sie in einem Jahr bzw. in zehn Jahren einkreisen werden? Und welche werden Sie an Ihre Kinder weitergeben, sodass die sie später einmal für sich selbst einkreisen?

Und jetzt – nur so zum Spaß – verändern Sie doch einmal dieses Wort – *das dritte Wort.*

Das verändert alles.

Und jetzt gehen wir noch einen Schritt weiter. Wie sieht Ihr Selbstbild aus im Vergleich zu dem Bild, das Sie anderen gern von sich vermitteln möchten? Inwieweit unterscheidet es sich von der Vorstellung, wie Sie gerne wären? Oder anders gefragt: Täuschen Sie anderen etwas vor? Halten Sie eine falsche Fassade aufrecht, um die Defizite und Schwächen zu tarnen, die Sie bei sich selbst feststellen?

Und eine noch schwerwiegendere Frage wäre ja, wie all das, was Sie über sich selbst denken, im Vergleich zu dem aussieht, was Gott über Sie denkt. Passen Ihr Selbstbild und Ihre Selbsteinschätzung mit der Persönlichkeit zusammen, als die Sie geschaffen sind und die Sie sein sollen?

Das sind große, verwirrende, aber auch mutige Fragen, und sie richtig zu beantworten, dauert ein Leben lang.

Wenn Sie sich diesen Fragen allerdings nie stellen, dann werden Sie einen großen Teil Ihres Lebens damit verbringen, sich zu verstellen, Leistung zu bringen, perfekt zu wirken, zu versuchen, anderen zu gefallen und sich zu beweisen. Doch Ihr wahres Selbst werden Sie nicht finden.

Gefärbt wie Beckham

Das eigene „wahre Selbst" kennenzulernen kann kompliziert sein.

Vor Jahren versprach mir ein Friseur, dass er mir einen „Beckham-Look" verpassen könne, und schon allein dieser Vorschlag – so unrealistisch es auch sein mochte, dass ich dem großen Fußballgott auch nur entfernt ähneln würde – schmeichelte mir genug, um den Friseursalon tatsächlich zu betreten.

Es war das erste Mal seit zehn Jahren, dass ich mich frisurtechnisch in die Hände eines Profis begab, denn bis dahin hatte eine alte Haarschneidemaschine aus dem Nachlass des Friseur-Salons meines Vaters mir immer gute Dienste geleistet. Und eigentlich war ich bis jetzt auch immer gut allein zurechtgekommen, wenn ich mir in der Garage einen Igelschnitt verpasste.

Aber ein Beckham-Look? Bei mir? Ich war bereit, es mich einiges kosten zu lassen.

Als ich schließlich im Stuhl saß, hätte der qualvolle Prozess, mein pechschwarzes Haar platinblond zu bleichen, beinah dazu geführt, dass ich meine Entscheidung bereute. Offenbar habe ich nur eine sehr begrenzte Schmerztoleranz, denn ich fragte mich zwischendurch schon ein paar Mal, ob es wohl auch Salons gibt, in denen die Bleichprozedur mit Narkose angeboten wird.

Als die Typveränderung vollendet war, sah ich dann allerdings kein bisschen aus wie David Beckham, und mein Haar war auch nicht wirklich blond, sondern eher orangefarben.

Doch die Veränderung war wirklich radikal, und ich gewöhnte mich daran.

Ein paar Jahre lang habe ich die neue Farbe so getragen, aber eines Tages bin ich dann wieder zu Schwarz zurückgekehrt. Eine der ersten Personen, die mich nach der Verwandlung sah, sagte ungefragt etwas, worüber ich laut lachen musste: „Ich finde, du solltest lieber wieder zum Blond zurückgehen. Bei dir sieht Schwarz nicht besonders ... natürlich aus."

Manchmal frage ich mich, ob unser Image und unsere Identität so oft bearbeitet und verändert werden, so oft gebleicht und gefärbt, dass die ursprüngliche Farbe nicht mehr zu erkennen ist und nicht einmal wir selbst mehr wissen, wie sie einmal war.

Zur Enttäuschung kommt noch Desillusionierung hinzu, die sich in Schichten auf unser Scheitern und Versagen legt, und am Ende ist unser wahres Selbst so tief vergraben, dass wir gar nicht mehr wissen, wer wir sind.

Das dritte Wort für uns selbst nach dem *„Ich bin ..."* einzusetzen wird kompliziert, weil wir durch die Brüche in unserer Vergangenheit wandelnde Widersprüche geworden sind. Sind wir die Person, die wir uns immer *erträumt* haben oder die Person, die wir gerade *spielen*?

Einerseits denken wir immer noch groß, denn wir wissen, dass Gott uns für größere und kühnere Dinge bestimmt hat, und ganz tief in unserem Inneren flackert diese Berufung auch immer noch hin und wieder ein ganz klein wenig auf.

Es gibt Tage, da geht unsere Phantasie mit uns durch, wenn es um unsere Möglichkeiten für die Zukunft geht und um den Beitrag, den wir auf dieser Welt leisten können. Wir nehmen uns alles Mögliche vor, z. B. mehr schöne Erinnerungen mit den Kindern zu schaffen oder endlich den Garten zu Ende zu gestalten; mehr ehrenamtlich in der Gemeinde mitzuarbeiten, das Klo zu putzen, uns für einen bestimmten Kurs anzumelden, unsere Bauchmuskeln zu trainieren, ein Waisenkind zu unterstützen, ein Buch zu schreiben, eine Fußballmannschaft zu trainieren, die Welt zu verändern ...

Aber andererseits werden wir auch realistischer – und zynischer. Manchmal ist das schwer zu unterscheiden.

Unsere Ziele zu erreichen ist schwieriger, als wir gedacht haben. Wir haben es versucht und sind gescheitert, haben es noch einmal versucht ... und sind wieder gescheitert. Jetzt sind wir nicht einmal mehr sicher, ob wir überhaupt in der Lage sind, Kinder großzuziehen oder verantwortungsvoll mit unserer Kreditkarte umzugehen, geschweige denn, mit den Veränderungen dieser Welt fertig zu werden.

Vielleicht war es ja nie so gedacht, dass unsere Träume in Erfüllung gehen, oder wir sind einfach nicht stark genug oder nicht mutig genug oder irgendein anderes nicht *genug*, um sie wahr werden zu lassen.

Vielleicht sind wir ja wirklich unqualifiziert.

Doppelter Zwiespalt

Ich rede ständig mit Leuten, die mit der Diskrepanz zwischen ihren Schwächen und ihren Träumen, zwischen der Realität dessen, wer sie sind, und dem, was Gott sagt, wozu er sie geschaffen hat, zu kämpfen haben. Ihre persönlichen dritten Wörter nach dem *„Ich bin ...“* enthalten so gut wie immer einen Hinweis darauf, dass sie sich für nicht qualifiziert halten.

Leute wie beispielsweise Jamar, der mir erzählt, dass er die Berufung in sich spürt, etwas im Leben junger Männer zu verändern. Jamar ist ohne Vater aufgewachsen und musste vieles auf die ganz harte Tour lernen. Er träumt davon, anderen jungen Männern die Lebensperspektive und Orientierung zu vermitteln, die er selbst nie bekommen hat. Wenn er nur nicht ... so heftig mit seiner Sexsucht zu kämpfen hätte.

Jamar ist Single, sieht gut aus, hat ein umwerfendes Lächeln und ist beruflich ausgesprochen erfolgreich. Er kommt an bei den Frauen, und das weiß er auch.

Es gibt immer wieder lange Phasen, in denen er es schafft, nach Gottes Maßstab zu leben, aber dann erliegt er wieder der Versuchung und entgleist durch sexuelle Verfehlungen. Wie soll er denn anderen ein Vorbild sein, wenn er selbst so viel Hilfe braucht?

Jamar ist frustriert, weil er immer wieder einmal einen Blick auf sein Ideal-Selbst erhascht, aber eine Störung vergiftet und hindert immer wieder seine Entwicklung. Und so kommt er zu dem Schluss: *Ich bin ... stecken geblieben.*

Oder da ist Heather. Heather ist eine großartige Mutter. Das findet jeder außer ihr selbst. Ihre Kinder entwickeln sich prächtig. Sie nehmen nach der Schule an allen möglichen künstlerischen und sportlichen Kursen und Aktivitäten teil, und keines von ihnen ist Crystal-Meth-süchtig. Das ist doch schon mal was. Mehrmals in der Woche kocht Heather abends für die ganze Familie, und normalerweise liest sie jedem der Kinder vor dem Schlafengehen ein Kapitel aus einem Buch vor.

Aber irgendwie ist es nie genug. Wenn die Kinder im Bett sind, sieht Heather nur all das Durcheinander und die Unordnung, die sie nicht zu beseitigen geschafft hat, und alles, woran sie sich erinnert, ist, dass sie wieder mal die Geduld verloren hat und ausgeflippt ist, als sie den Kindern bei den Hausaufgaben geholfen hat. Wie soll sie denn ihren Erfolg als Mutter feiern und genießen bei so viel Chaos und Versäumnissen?

Ihr Pinterest Board ist so vollgestopft mit guten Vorsätzen und Ideen, dass es für mehrere Leben reichen würde, und sie will nach vier verschiedenen Bibelleseplänen auf ihrer Bibel-App die Bibel in einem Jahr durchlesen. Aber wenn sie das in diesem Tempo weitermacht, dann hat sie es vielleicht in zehn Jahren geschafft. Sie ist Sklavin einer endlosen Prioritätenliste, und dabei flüstert ihr eine Stimme in ihrem Kopf ständig zu, dass sie alles viel zu oberflächlich macht, dass sie mittelmäßig ist, dass sie im Leben etwas verpasst. Und all das zusammen führt dann dazu, dass sie überzeugt ist: *Ich bin ... eine Versagerin.*

Oder da ist beispielsweise mein Bruder Max. Ich liebe Max. Aber ich habe sehr lange meinen Teil dazu beigetragen, ihn von Gott fortzutreiben.

Max und ich sind in einer guten Südstaatenfamilie aufgewachsen. Das heißt, dass wir Hühnchen mit Klößen gegessen haben und mindestens einmal in der Woche in die Kirche gingen. Max ist drei Jahre jünger und zwanzig Zentimeter größer als ich, und eigentlich heißt er Matthew. Menschen Spitznamen zu verpassen ist eine schlechte Angewohnheit von mir, und ich habe angefangen, ihn Max zu nennen, als ich sechzehn wurde.

Zufällig war das auch ungefähr die Zeit, als es mir ernst wurde mit dem Glauben an Jesus, und weil ich mich für den schmalen, aber geraden Weg entschieden hatte, wollte ich, dass jeder in meinem Umfeld ihn auch ging, ob er wollte oder nicht – auch Max.

Er war der erste meiner Zwangsbekehrten und Hauptleidtragender meines neugefundenen religiösen Eifers.

Wenn ich ihn zur Schule fuhr, wollte er im Radio immer einen Rocksender hören: 96 WAVE. Aber das kam für mich gar nicht in Frage. Doch nicht in meinem Wagen! Da gab es nur christliche Rockmusik.

Wenn ich ihn bei seiner Schule absetzte, ertappte ich ihn manchmal dabei, wie er einem Mädchen nachschaute. *Erwischt bei lüsternen Blicken*, dachte ich dann und schimpfte mit ihm, als käme er aus Sodom und Gomorrha.

Wenn ich abends ins Wohnzimmer kam und er sich seine Lieblingsserie *Beavis and Butt-Head* anschaute, dann schaltete ich rasch um auf den ersten Prediger im Programm, den ich finden konnte.

Ich wollte gar kein gesetzlicher und verurteilender Spinner sein, denn ich liebte meinen Bruder ja. Und weil ich ihn liebte, glaubte ich, dass ich dafür verantwortlich sei, ihn auf den richtigen Weg zu Jesus zu bringen, wenn ich ihn dort hinzerren musste.

Aber anscheinend wollte er nicht, und ich konnte überhaupt nicht verstehen, wieso.

Erst an dem Abend, als mein Vater gestorben war – das war sechzehn Jahre später –, begriff ich, dass ich ihn dadurch genau in die entgegengesetzte Richtung getrieben hatte.

Ich erinnere mich noch ganz genau an diesen Abend. Als die Freunde gegangen waren, die unserer Familie in der schweren Situation beistanden, war es ein Uhr nachts. Es war die längste Woche unseres Lebens gewesen, und wir wollten jetzt nichts als Ruhe, also ließ sich Max im Fernsehsessel meiner Mutter nieder, und ich streckte mich auf dem Sofa aus.

Plötzlich begann Max von den inneren Kämpfen zu erzählen, die er damals durchgemacht hatte. Wie er so gern eine Beziehung zu Gott gehabt hätte, es ihm aber einfach zu schwer erschien.

„Dabei soll es eigentlich gar nicht schwer sein", erklärte ich ihm.

„So hat es aber für mich immer ausgesehen", entgegnete er. „Als wir auf der High School waren, habe ich dich beobachtet, und du hattest all diese Regeln, all die Sachen, die du nicht sagen oder anschauen oder nicht anhören durftest. Ich wollte kein geheuchelter, falscher Christ sein, aber wenn richtiges Christsein bedeutete, so zu leben wie du, dann wusste ich, dass ich es nicht schaffen würde. Das war einfach zu schwer für mich."

Wir redeten eine ganze Weile, und ich entschuldigte mich bei Max. Ich sagte, es täte mir wirklich leid, dass ich den Anschein erweckt hätte, man müsse sich zu Beginn einer Beziehung zu Gott auf jede Menge Einschränkungen und Regeln einlassen. Ich hätte aber im Laufe der Zeit die Erfahrung gemacht, dass es beim Evangelium weniger darum gehe, was Gott *von* uns will, als vielmehr darum, was er *für* uns will.

Dieses Gespräch hat dann tatsächlich etwas in Gang gebracht, und zwar nicht nur bei Max, sondern auch bei mir. Ich musste immer wieder daran denken, was er gesagt hatte. Es sei ihm einfach *zu schwer* vorgekommen. Dieser Gedanke verfolgte mich regelrecht.

Hatte es so gewirkt, wenn ich darüber gesprochen hatte? Zu schwer? Soll es so aussehen? Soll es so sein?

Wie viele Menschen wohl den Gedanken wieder aufgeben, eine Beziehung zu Gott einzugehen, weil sie glauben oder man ihnen gesagt hat, dass sie erst alle möglichen Bedingungen erfüllen müssen, bevor man ihn kennenlernen und mit ihm leben kann?

In mancher Hinsicht ist Glaube ja tatsächlich schwer. Um einen alten Prediger vom Land zu zitieren: „Jesus hat gesagt, wir sollen unser Kreuz auf uns nehmen und nicht unsere Federkernmatratze." Das habe ich kapiert. Es kann schon manchmal ein schwieriges Unterfangen sein, auf dieser Welt und in dieser Zeit seinen Alltag mit Gott zu leben. Aber den Menschen den Eindruck zu vermitteln, dass erst etliche Voraussetzungen erfüllt sein müssen, um überhaupt mit Gott in Kontakt treten zu können, kann unmöglich das sein, was er sich gedacht hat, als er seine Botschaft an uns als „Gute Nachricht" bezeichnete.

Er hat seine Einladung gegen Ende der Bibel platziert: „Der Geist und die Braut sagen: ‚Komm!' Und wer das hört, soll auch rufen: ‚Komm!' Wer durstig ist, der soll kommen. Jedem, der es haben möchte, wird Gott das Wasser des Lebens schenken." (Offenbarung 22,17, Hoffnung für alle.)

Also sagt Gott ja offenbar: „Komm, wie du bist", aber die Botschaft, die wir daraus machen, lautet viel zu oft: „Verändere dich erst mal, dann kannst du kommen."

Statt meinem Bruder dabei zu helfen, Gott zu finden, hatte ich anscheinend für ein Spannungsfeld gesorgt, das ihn von Gott fernhielt. Ich hatte unabsichtlich die Saat für ein drittes Wort in seine Seele gelegt, ein Wort, das vielleicht das gefährlichste von allen ist: *„Ich bin ... nicht würdig."*

Welche dritten Wörter füllen Sie bei sich selbst in die Lücke? Sind es eher positive oder negative Wörter? Oder sind sie so durcheinander, dass Sie sie gar nicht einordnen können?

Wenn es Ihnen so geht wie Jamar, Heather, Max und mir,

dann drehen sich Ihre dritten Wörter um Ihre Schwächen. Es sind Wörter, die wahrscheinlich in erster Linie damit zu tun haben, was Sie alles *nicht* sind, was Sie alles *nicht können* oder was Sie eben *nicht tun*, aber tun sollten. Und weil Ihr Charakter Risse hat und Ihre Kompetenz zweifelhaft ist, neigen Sie dazu, sich unfähig und unzulänglich zu fühlen.

So denken wir nun mal.

Es ist zwar eine Binsenweisheit, aber ich sage es hier trotzdem noch einmal: Jeder Mensch hat Schwächen. Wir geben ihnen alle möglichen Namen – Macken, Fehltritte, Fehler, Probleme, Sünden, Irrtümer, innere Dämonen, Süchte – aber jeder hat sie.

Die zentrale Frage ist doch, was wir mit unseren Schwächen *anfangen* sollen.

Dieses Buch ist das Ergebnis meines Ringens mit diesen und ähnlichen Fragen, die mich seit Jahren umtreiben, Fragen zur Selbstannahme, Fragen zur Selbstoptimierung, Fragen zur Diskrepanz zwischen dem, wer ich bin, und dem, als der ich gedacht bin, und wie man die beiden miteinander versöhnen kann.

Ich gestehe, dass es nicht einfach war, dieses Buch zu schreiben, und dabei geht es ja nicht einmal um ein besonders kontroverses Thema. Es war schwer zu schreiben, weil das Thema chaotisch, unschön und schwierig ist.

So wie das Leben eben, wie die Menschheit und wie Sie und ich.

Wenn Sie jemals frustriert waren wegen Ihres Scheiterns und Versagens oder genervt über Ihre Schwächen, dann ist dies ein Buch für Sie. Aber ich warne Sie, ich werde Ihnen nicht fünfzehn Wege aufzeigen, wie Sie sich in nur fünfzehn Minuten täglich optimieren und in Ordnung bringen können. Ich werde Ihnen nicht zehn Regeln zur Perfektion oder sieben Geheimnisse des Erfolgs präsentieren.

Ich möchte etwas tun, das, so hoffe ich zumindest, sehr viel wertvoller ist.

Ich möchte echt und offen sein.

Ich möchte offen und aufrichtig sein in Bezug auf unsere Kämpfe und auch in Bezug auf Sünde. Ich möchte offen und aufrichtig sein in Bezug darauf, wer Gott ist, wer wir sind und wer wir nicht sind, und ebenso in Bezug auf Selbstwertgefühl und Selbsthilfe. Ich möchte offen und ehrlich sein in Bezug darauf, dass wir es anscheinend nicht schaffen, etwas zu beheben und in Ordnung zu bringen ... und es ja vielleicht auch gar nicht sollen.

In diesem Buch geht es darum, herauszufinden und sich darauf einzulassen, wer Sie sind angesichts dessen, wer Gott ist. Es ist ein Buch darüber, ins Reine zu kommen mit dem Guten und dem Schlechten und dem Unaussprechlichen in unserem Leben, und darüber, wie wir es lernen können, zuzulassen, dass Gott unser Chaos zu unserem Wohl und zu unserem Besten nutzt.

Dabei soll gar nicht außer Acht gelassen werden, wie komplex unser Leben ist und wie groß die Herausforderungen, vor die es uns stellt. Ganz und gar nicht. Aber es soll darin auch nicht in Selbstmitleid und Niederlage geschwelgt werden.

Es soll in diesem Buch darum gehen, sich in diese Kluft zwischen der Person, die Sie sind, und der, von der Sie spüren, dass Gott Sie so gedacht hat, zu werfen und dort mit Gott in Kontakt zu treten. Es soll darum gehen, den Träumen und Sehnsüchten nachzugehen, die Gott in Sie hineingelegt hat, auch wenn es sich anfühlt, als wären tausend Dämonen losgeschickt worden, um diese Träume und Sehnsüchte wieder zu verscheuchen.

Während ich mich mit meinen eigenen Fragen zu diesen Themen auseinandergesetzt habe, ist mir bewusst geworden, dass ich mich verändere. Ich habe ein paar Dinge über Schwäche erfahren, die ich zuvor nie begriffen hatte, und ich sehe sowohl Gott als auch mich selbst jetzt anders. Dadurch verändert sich wiederum, wie ich mit meinen Kindern umgehe, wie ich Pastor bin und wie ich Gott und das Leben betrachte, und diese Veränderungen gefallen mir sehr.

Hier also meine Frage ... eigentlich sind es mehrere Fragen.

Erstens: Wie lauten *Ihre* dritten Wörter nach dem *„Ich bin ...“*?

Zweitens (und noch wichtiger): Wie lauten *Gottes* dritte Wörter für Ihr Leben?

Und drittens (und am wichtigsten): Wie um Himmels willen lebt man in dem Zwiespalt dieser doppelten Realität?

Sie werden es gleich erfahren.

DREI

Es ist kompliziert

Immer wenn Sie sich mit den tiefsten Fragen Ihrer Seele beschäftigen, gibt es nur eine Quelle, bei der es mit Sicherheit Antworten gibt: der Film *Shrek*.

Die Titelfigur *Shrek* ist ein Oger. Aber er ist kein durchschnittlicher, abstoßender Unhold, sondern er ist kompliziert, innerlich zerrissen und emotional, und deshalb mögen ihn alle. Mir gefällt, wie Shrek sich selbst seinem Kumpel Esel gegenüber beschreibt, indem er sich mit einer Zwiebel vergleicht.

Shrek: Zwiebeln haben Schichten. Riesen haben Schichten ... hast du das kapiert?

Beide haben Schichten.

Daraufhin schweift Esel ab und spricht über Schichten, über Schichttorten und Baumkuchen. Ein paar Szenen später treffen wir Shrek in einer Scheune an. Esel steht draußen und schreit ihn an:

Du bist ja so eingepackt in Schichten, Zwiebelboy, du hast Angst vor deinen eigenen Gefühlen![2]

Und genau so geht es doch auch vielen von uns. Wir sind eingepackt in Schichten, haben Angst vor unseren Gefühlen und schließen uns im Klo ein.

Okay, das Letzte vielleicht nicht.

Tatsache ist, dass wir vielschichtige Geschöpfe sind. Unsere Persönlichkeit ist eine komplizierte Mischung aus Gefühlen, Erinnerungen, Gedanken, Zielen, Gewohnheiten, Vorurteilen und Philosophien. Wir haben etwas gegen einfache Beschreibungen oder Definitionen.

Ja, wir haben auf jeden Fall Schichten. Mehr Schichten als alle Oger, Zwiebeln, Schichttorten und Baumkuchen zusammen. Das gehört zum Schönen am Menschsein. Und dazu kommt dann ja noch, dass wir keine statischen Wesen sind. Wir sind kein gefertigtes Produkt, kein abstraktes Gemälde von Jackson Pollock, das analysiert, interpretiert und dann geschätzt wird. Wir verändern uns permanent und erfinden uns immer wieder neu.

Und wenn Sie darauf noch nicht selbst gekommen sind, dann sage ich es Ihnen jetzt: Das ist völlig in Ordnung so.

Freskenfiasko

Es gibt viele Bücher, in denen der Versuch unternommen wird, die Menschheit irgendwie zu klassifizieren und zu kategorisieren. Darin werden unsere Neigungen seziert und unsere Persönlichkeit analysiert, und es wird untersucht, wie wir denken, wie wir leiten und wie wir lieben. Darüber hinaus wird der Versuch unternommen, den unergründlichen Einfluss von ethnischer Herkunft, Kultur, Hintergrund, Erfahrungen, Bildung, Hirnstoffwechsel, Trauma, Alter, Sexualität und vielem mehr zu quantifizieren.

Ich bin dankbar für solche Versuche, denn zumindest auf einer Makroebene geben sie Aufschluss über uns selbst und die Menschen in unserem Umfeld und können eine Hilfe dabei sein, uns in unsere Ehepartner, Kinder, Kollegen und Freunde hineinzuversetzen und sie besser zu verstehen.

Doch von einem bestimmten Punkt an funktionieren diese Versuche alle nicht mehr, weil Menschen einfach zu kompliziert sind, um in irgendein Ordnungsschema zu passen.

Mir persönlich ist das aber auch lieber so. Ich möchte nicht mit einem Etikett versehen und mit Millionen von Menschen in einen Topf geworfen werden – nicht einmal mit einem Dutzend von Menschen, die so sind wie ich. Ich habe Freunde, die mühelos die Ergebnisse ihrer Persönlichkeitstests herunterbeten können, und sie schwören auf diese Tests als Raster, das 90 Prozent allen menschlichen Verhaltens vorhersagen kann. Ich habe so einen Test ebenfalls gemacht, sogar einige davon, aber nicht einmal mit einer geladenen Waffe am Kopf könnte ich Ihnen die Ergebnisse sagen. Irgendwie bleibt so Zeugs bei mir nicht hängen. Und wenn jemand versucht, es mir zu erklären, dann höre ich nur Charlie Browns Lehrerin (bla,bla,bla).

Aber irgendetwas in uns sagt uns ja, dass wir einzigartig sind, etwas Besonderes, Originale. Ich möchte ich sein, genauso, wie Sie Sie sein wollen.

Und dieses nebulöse *gewisse Etwas*, das uns von allen anderen unterscheidet, kommt von Gott. Es ist seine Art, uns in unsere Bestimmung zu bringen. Er hat uns geschaffen und gestaltet, jeden einzeln. Das beschreibt David in seinem berühmten Psalm 139, in dem es um unsere unterschiedliche Persönlichkeit und unsere Bestimmung geht. Mit diesem Psalm werden wir uns im Laufe des Kapitels noch näher beschäftigen.

Du hast mich mit meinem Innersten geschaffen, im Leib meiner Mutter hast du mich gebildet.

Herr, ich danke dir dafür, dass du mich so wunderbar und einzigartig gemacht hast! Großartig ist alles, was du geschaffen hast – das erkenne ich!

(Verse 13-14, Hoffnung für alle)

Das heißt, Gott hat Sie bewusst und absichtlich so komplex geschaffen. Sie sind absichtlich unendlich vielschichtiger und komplizierter als die fünfte Symphonie von Beethoven.

Auf den folgenden Seiten werden wir uns intensiv mit der Frage beschäftigen, wer wir sind. Wir werden uns anschauen, wie unsere Stärken und Schwächen uns beeinflussen und was sie damit zu tun haben, ob wir uns qualifiziert oder unqualifiziert fühlen, fähig oder unfähig.

Dabei gibt es jedoch eine Gefahr. Wenn wir nicht erkennen, wie viel diese angeborene Vielschichtigkeit wert ist, dann können unsere Versuche, das zu beheben, was wir für eine Schädigung halten, am Ende nach hinten losgehen.

Vor ein paar Jahren machte eine Hobbyrestauratorin in Spanien mit genau so etwas Schlagzeilen. Das wollte sie natürlich eigentlich gar nicht, sondern sie wollte nur helfen.

Sie hieß Cecilia Gimènez,[3] war achtzig Jahre alt und Mitglied der *Heiligen der Gnaden-Gemeinde* in Borja, Spanien.

Anfang des 19. Jahrhunderts hatte ein Künstler aus dem Ort an eine der Kirchenwände ein Fresko gemalt, das Jesus darstellte und unter dem Namen *Ecce Homo* („sieh da, dieser Mensch") bekannt war. Das Gemälde war für die Gemeinde und die ganze Stadt von großem ideellem Wert, sah aber mittlerweile ziemlich mitgenommen aus. Die Farbe war ausgeblichen und blätterte ab, und an manchen Stellen war das Fresko gar nicht mehr zu erkennen.

Und da kommt Cecilia ins Spiel. Zitat: „Wir haben gesehen, dass alles kaputtging, und da haben wir es wieder in Ordnung gebracht."

Allerdings war das nicht wirklich der Fall. Was ihr an Talent und Können fehlte, machte sie wett durch die reine Masse an Farbe, die zum Einsatz kam. Das Ergebnis lässt sich am besten als monströs beschreiben. Das „restaurierte" Fresko sieht aus wie eine Kreuzung aus Bigfoot und Attila, dem Hunnenkönig. Es ist so schlecht, dass es ein Internet-Hit wurde. Statt *Ecce Homo* wird es jetzt *Ecce Mono* („siehe da, dieser Affe") genannt.

So viel also zum Thema Reparatur bzw. Wiederherstellung.

Aber wir machen es manchmal genauso. Wir wollen in bester Absicht etwas in Ordnung bringen, sorgen dadurch aber manchmal nur dafür, dass es noch schlimmer wird.

Eigentlich wollen wir das gar nicht, genauso wenig, wie die übereifrige, irregeleitete Greisin absichtlich aus dem Fresko ein Fiasko gemacht hat.

Wir schauen uns selbst an und geben eine stark vereinfachte Beurteilung darüber ab, was gut und was schlecht, was richtig und was falsch ist, was weg muss und was bleiben darf.

Wir werfen einen flüchtigen Blick in den Spiegel, vergleichen uns mit einer vagen Vorstellung, die wir davon haben, wie wir eigentlich aussehen sollten, und fangen dann an, mit Farbe herumzuklecksen.

Wenn wir allerdings dabei keinen Bezugsrahmen haben, führen unsere Verbesserungsbemühungen zu nichts.

Vergessen Sie nicht, dass Gott unsere Identität nicht bleichen oder mit Sandstrahl reinigen will, sondern Gott ist ein Wiederhersteller, ein Erneuerer, ein Schöpfer und Neu-Schöpfer. Er bringt feine Farbschimmer und intensive Farbtöne zum Vorschein, die unter Schichten von Schmutz und Patina verborgen sind.

Doch das erfordert Zeit, Mühe und Können.

Wir sind ebenso unvergleichlich wie vielschichtig. Wir sind ebenso kostbar wie einzigartig. Es wäre einfach unrealistisch und auch tragisch, unsere Identität stark zu vereinfachen. Bevor wir uns in ein Selbstoptimierungsprogramm stürzen, müssen wir einen etwas genaueren Blick darauf werfen, als wen Gott uns geschaffen hat.

Aber das erfordert Ehrlichkeit, Demut und Sorgfalt. Es bedeutet, ganz genau dem Einen zuzuhören, der uns geschaffen hat.

Nur Gott kennt uns

Nur Gott allein ist in der Lage, das menschliche Herz ganz und gar zu ergründen. Jeremia schreibt:

Nichts ist so undurchschaubar wie das menschliche Herz, es ist unheilbar krank. Wer kann es ergründen? Ich, der Herr, durchschaue es; ich prüfe jeden Menschen ganz genau und gebe ihm, was er für seine Taten verdient. (Jeremia 17,9-10, Hoffnung für alle).

Und Folgendes sagt David darüber, wie gut Gott uns kennt:

Herr, du durchschaust mich, du kennst mich durch und durch.

Ob ich sitze oder stehe – du weißt es, aus der Ferne erkennst du, was ich denke.

Ob ich gehe oder liege – du siehst mich, mein ganzes Leben ist dir vertraut.

Schon bevor ich anfange zu reden, weißt du, was ich sagen will. (Psalm 139,1-2, Hoffnung für alle.)

Gott kennt Sie besser als Sie sich selbst. Er schaut bis in die tiefsten Abgründe Ihrer Seele. Er sieht alle Ihre Geheimnisse, alles, was Sie vor anderen und vielleicht auch vor sich selbst verbergen.

Und jetzt kommt das Beste. Gott weiß alles über Sie – er kennt auch die hässlichen, die kaputten und die gestörten Stellen – und glaubt trotzdem an Sie, hat trotzdem eine Zukunft und Hoffnung für Sie.

Etwas, das meine Frau Holly einmal zu mir gesagt hat, fasst meiner Meinung nach ziemlich gut zusammen, was Gott zu jedem Menschen sagt: „Ich liebe alles an dir, was es über dich zu wissen gibt."

Ich bin nicht hier, um Sie zu analysieren oder zu kritisieren. Ich habe nicht vor, darüber zu urteilen, wer Sie zurzeit sind oder wer Sie werden sollten.

Das ist Ihre Sache und Ihr Weg.

Meine Hoffnung ist, dass ich Ihnen helfen kann, aus diesem Weg so viel wie möglich herauszuholen. Ich möchte Vorschläge machen, wie Sie ein drittes Wort, das Ihnen anhaftet und Sie ins Schleudern bringt, wieder loswerden können. Ich möchte Ihnen gerne Mut machen, viele der Macken und Schwächen, die Sie verrückt machen, anzunehmen, ja vielleicht sogar dankbar dafür zu sein. Und ich möchte Sie gerne dabei anfeuern, wenn Sie zulassen, dass Gott immer mehr Ihr wahres Ich zum Vorschein bringt.

Wie auch immer es aussehen mag.

Das dritte Wort nach dem *„Ich bin ..."* hat Einfluss auf jeden Aspekt unseres Lebens, aber die meisten Menschen nehmen sich nie die Zeit, sich von Gott zeigen zu lassen, wer sie sind, ob alles gut so ist oder etwas fehlt.

Wir glauben oft, dass wir wissen, wer wir sein sollen. Wir haben ein Bild der perfekten Version von uns selbst im Kopf, und wir investieren viel Zeit, Mühe und verzweifelte Gebete, um dieses Bild auch nach außen herzustellen und es zu zeigen.

Aber je länger ich auf dem Weg mit Gott unterwegs bin und erlebe, auf wie überraschende Weise er Menschen einsetzt, von denen ich das nie gedacht hätte, desto überzeugter bin ich, dass wir oft ein unvollständiges Bild davon haben, wer wir sein sollen und wie wir gemeint sind.

Bevor wir jetzt irgendeinen gutgemeinten, aber stümperhaften Erneuerungsversuch starten, ist es wichtig, uns von Gott zeigen zu lassen, wer wir sind und wer wir werden können. Vielleicht ist ja manches von dem, was wir für Dreck halten, in Wirklichkeit ein ganz wesentlicher Teil unserer Persönlichkeit. Vielleicht sind ja manche Bereiche, die wir als Schwäche bezeichnen, verkappte Stärken. Im Moment stören sie uns, aber Gott hat vor, sie zu unserem Besten zu nutzen. Vielleicht sind diese Schwächen ein ganz wesentlicher Teil der Person, als die Gott uns gedacht hat, und sie loszuwerden wäre eine schlimme Entstellung.

Andererseits kann es auch sein, dass Bereiche, die wir gern verbessern würden, gar nicht zu unserer wahren Identität gehören, und wir möchten sie nur verbessern, weil wir auf die fehlgeleiteten Erwartungen anderer hören oder auf unsere eigenen unguten Vergleiche mit anderen. Wir sind frustriert, weil wir keine Fortschritte machen. Aber es ist nun mal nicht möglich, etwas zu vermehren, was Gott uns gar nicht geschenkt hat. Diese Ziele müssen wir aufgeben und uns auf das konzentrieren, was Gott uns mitgegeben und anvertraut hat.

Mit einem Wort

Ich stelle immer wieder fest, dass viele Menschen dazu neigen, ein, zwei dritte Wörter zu stark hervorzuheben – normalerweise sind es negative. Wir werden durch unsere negativen und pessimistischen *„Ich bin …“*, unsere düstere Selbstwahrnehmung und unsere zynische Selbstbeschreibung mutlos und verwirrt, und wir kommen vom richtigen Weg ab. An dem, was wir denken, mag ja etwas Wahres dran sein, aber die Wahrscheinlichkeit, dass wir verallgemeinern und stark vereinfachen, ist groß, und das schadet unserem Gefühl für Sinn. David schreibt in Psalm 139:

Du hast mich gesehen, bevor ich geboren war. Jeder Tag meines Lebens war in deinem Buch geschrieben. Jeder Augenblick stand fest, noch bevor der erste Tag begann.

Wie kostbar sind deine Gedanken über mich, Gott! Es sind unendlich viele.

Wollte ich sie zählen, so sind sie zahlreicher als der Sand!

(Verse 16-18, Neues Leben. Die Bibel)

David schreibt, dass die Gedanken, die Gott über uns hat, *kostbar* sind. Wie tröstlich. Ich bin froh, dass es keine so frustrierenden und ärgerlichen Gedanken sind, wie ich sie manchmal über mich selbst habe. *Kostbar* ist ein gutes Wort. Aber damit hört David noch nicht auf.

Die Gedanken Gottes sind außerdem *unendlich viele.* Halten Sie einmal kurz inne, um sich das zu vergegenwärtigen. Der Psalmist sagt es in zwei kleinen Versen auf dreierlei unterschiedliche Weise: *Es sind unendlich viele, wollte ich sie zählen (das ist unmöglich), sie sind zahlreicher als der Sand.*

Was soll uns das sagen? Es bedeutet, dass Gottes Gedanken genauso vielschichtig sind wie unsere, dass er uns nicht stark vereinfacht, in Kategorien zusammenfasst, uns mit wissenschaftlich klingenden Etiketten versieht und uns dann alphabetisch sortiert archiviert.

Gott kennt uns ganz genau und sehr persönlich. Er sieht unsere Vergangenheit, unsere Gegenwart und unsere Zukunft, und er hat jeden Moment jeden Tages unseres Lebens vor Augen. Er ist sich unserer Komplexität stärker bewusst als jeder Mensch, einschließlich uns selbst. Er hat uns gestaltet, er freut sich über uns, und er versteht uns.

Wenn also Gott uns nicht in einem einzigen Wort zusammenfasst, wieso meinen wir dann, dass wir das tun sollten?

Trotzdem tun wir es ständig. Wir schauen uns im übertragenen Sinne selbst im Spiegel an, stoßen einen angewiderten Seufzer aus und sagen Dinge wie:

Ich bin ein Versager.

Ich bin Alkoholiker.

Ich bin dumm.

Ich bin ein hoffnungsloser Fall.

Wirklich? Wir fassen mit einem Satz, mit einem Wort unsere gesamte Identität, Existenz und unser Potenzial zusammen? Mit so einer Oberflächlichkeit negieren wir unsere Berufung und verpassen uns selbst den Stempel *unqualifiziert*?

Das ist doch absurd. Niemand ist so einfach gestrickt. Wir sind doch lebendige, dynamische Wesen, die sich ständig verändern und entwickeln. Unsere Existenz hat mehr Dimensionen, als die meisten komplizierten Theorien über Wurmlöcher und Paralleluniversen jemals aufstellen könnten. Gott selbst lehnt es ab, uns auf ein eindimensionales, flaches Bild zu reduzieren. Er fasst uns nicht mit einem Begriff zusammen, also warum tun wir es dann?

Ich will damit gar nicht sagen, dass wir aufhören sollen, dritte Wörter zu benutzen, denn sie gehören zum Leben dazu, und sie können auch ungeheuer befreiend sein – wenn wir sie richtig verstehen.

Damit will ich sagen, dass wir es vermeiden müssen, uns selbst mit Etiketten zu versehen, die zu allgemein sind, zu stark vereinfachend und zu kurzsichtig.

Wir müssen uns unsere Vielschichtigkeit zugestehen und die

Tatsache akzeptieren, dass unsere Persönlichkeit etwas Schönes, Zartes und Kompliziertes ist. Sie ist ein Kunstwerk, in das Gott viel investiert hat. Ob sie etwas mitgenommen aussieht? Wahrscheinlich. Ob sie Erneuerung braucht? Ja, klar. Aber der Wiederhersteller und Erneuerer ist Gott selbst, und er wird sich die Zeit nehmen, seinen Job richtig zu machen.

Schicht für Schicht

Stellen Sie sich also die Frage: *„Wer bin ich?"*

Nehmen Sie sich ruhig etwas Zeit, um darüber nachzudenken, holen Sie sich einen Zettel, und sammeln Sie alle Beschreibungen, die Ihnen einfallen.

Es könnte sein, dass Sie überrascht sind über die Vielschichtigkeit Ihrer Antworten.

Im Folgenden einige Rubriken als Impuls, mit jeweils ein paar Beispielen. Ich führe hier ziemlich viele negative dritte Wörter als Beispiele an, aber nicht etwa, weil ich das Sprachrohr Edgar Allan Poes oder I-Aahs bin, des Esels aus Winnie-Puh, sondern weil das die Beispiele sind, die am lautesten zu uns reden und uns am meisten beeinflussen. Außerdem ist der Gedanke hier nicht, aufzuzählen, wie Sie gerne wären und wozu Sie vielleicht sogar das Potenzial hätten, sondern so genau wie möglich zu beschreiben, was Sie sehen, wenn Sie sich in diesem Moment anschauen.

Sie haben für jede der aufgeführten Rubriken dritte Wörter für sich selbst, ob Sie sie schon laut ausgesprochen haben oder nicht, denn Ihre Identität ist vielschichtig.

Mein Vorschlag wäre jetzt, sich die Rubriken einmal anzuschauen und unter jeder mindestens einen Begriff zu notieren. Bei manchen Rubriken sind es sicher auch mehr als einer. Schreiben Sie die Begriffe auf, die Sie genauer beschreiben oder die regelmäßig in Ihrem Inneren anklingen. Das muss keine erschöpfende Liste sein, aber ich möchte, dass Sie erkennen, wie allgegenwärtig und wie wichtig Ihre *„Ich bin ...“*-Aussagen sind.

Persönlichkeit
Ich bin schüchtern. Ich bin laut. Ich bin jemand, der allen gefallen möchte. Ich bin getrieben ...

Charakter
Ich bin ehrlich. Ich bin faul. Ich bin gemein. Ich bin aufrichtig. Ich bin egoistisch ...

Zustand/Umstände
Ich bin erschöpft. Ich bin geheilt. Ich bin gesegnet. Ich bin pleite ...

Fähigkeiten
Ich bin dumm. Ich bin musikalisch. Ich bin sportlich. Ich bin schwach ...

Gefühle
Ich habe Angst. Ich bin hin- und hergerissen. Ich bin überfordert. Ich bin verletzt ...

Körperliche Merkmale
Ich bin langsam. Ich bin männlich. Ich bin groß. Ich bin nicht in Form ...

Bildung
Ich bin Schulabbrecher. Ich bin Einserschüler. Ich bin Akademiker ...

Familienstand
Ich bin Single. Ich habe ein Kind/Kinder. Ich bin geschieden. Ich bin verwitwet ...

Ethnische Zugehörigkeit
Ich bin Amerikanerin. Ich bin weiß. Ich bin Hispanic. Ich bin vom Lande. Ich bin ein Stadtmensch ...

Sexualität
Ich bin heterosexuell. Ich bin schwul. Ich bin lesbisch. Ich bin bisexuell. Ich bin unsicher ...

Tätigkeit
Ich bin Ingenieurin. Ich bin Hausfrau/Hausmann. Ich bin arbeitslos. Ich bin Unternehmer ...

Geistliches Leben/Spiritualität
Ich bin katholisch. Ich bin Atheist. Ich bin Agnostiker. Ich bin Christ ...

Verstehen Sie, was ich meine? Sie sind ein „Zwiebelmensch“

mit vielen Schichten, und das ist etwas Gutes, das man feiern kann. Aber es ist auch etwas, das man verstehen muss, weil dritte Wörter in aller Regel Gepäck mitbringen. Sie haben emotionale und psychische Implikationen, die in unserem gesamten Leben mitschwingen.

Dafür ein paar Beispiele: Schauen Sie sich nur einmal zwei der eher auf Äußerliches ausgerichteten Rubriken an, und zwar „ethnische Zugehörigkeit" und „Tätigkeit". Beide sind leicht zu erkennen und zu benennen, selbst wenn man ein Leben nur von außen betrachtet, und außerdem sind beide neutral, d.h., keine ist an sich schon positiv oder negativ besetzt.

Und jetzt fragen Sie sich doch einmal, was wäre, wenn die Wörter, die Sie hier für sich eingesetzt haben, andere wären? Wie würde sich das auf Ihr Denken, Handeln und auf Ihr Selbstbild auswirken?

Ich bin beispielsweise Amerikaner. Wie sähe wohl mein Leben aus, wenn ich in einem anderen Land geboren worden wäre? Ich möchte hier noch einmal betonen, dass es ja gar nicht unbedingt besser oder schlechter sein müsste, aber es wäre eben völlig anders, sodass ich es mir nicht einmal vorstellen kann. Es hätte grundlegende Auswirkungen in Bezug auf Sprache, Gewohnheiten, Sitten, geografische Gegebenheiten und meine Verachtung für Fußball. Meine Identität ist tief in meiner ethnischen Zugehörigkeit verwurzelt.

Das Gleiche gilt für meine Tätigkeit. Ich bin Pastor und Autor. Das macht mein Leben bunt und kompliziert auf eine Weise, über die ich eigentlich gar nicht bewusst nachdenke. Wie würde mein Leben wohl aussehen, wenn ich Klempner wäre? Das wäre zwar höchst unwahrscheinlich, weil ich kein geborener Heimwerker bin (um es einmal freundlich auszudrücken) und auch nach 13 Ehejahren immer noch keinen Werkzeugkasten besitze, doch nur um der Veranschaulichung willen: Wenn ich durch eine kleine Panne im Universum Klempner statt Pastor geworden wäre, dann wäre alles anders. Angefangen bei den Menschen, mit denen ich meine Zeit verbringe, über die Art, wie ich mich kleide, bis hin zu der Frage, wie oft ich mich in Baumärkten aufhalte.

Und dabei ist zu bedenken, dass die dritten Wörter im Zusammenhang mit ethnischer Zugehörigkeit und Tätigkeit relativ simple dritte Wörter sind.

Wie sieht es da bei den übrigen Rubriken aus? Was ist mit den Aspekten, die sich eher auf unser Inneres beziehen? Was ist mit Ihrer emotionalen oder geistlichen Identität? Was ist mit Wesenszügen und Persönlichkeitsmerkmalen?

Welche Auswirkungen hätte es, introvertiert bzw. extrovertiert zu sein? Was wäre, wenn ich bitter, unsicher oder verletzt wäre? Was, wenn ich frei oder selbstsicher oder vollmächtig wäre?

Und was ist zuerst da – das Etikett oder der Lebensstil? Die Henne oder das Ei? Folgt das Verhalten nicht den Gegebenheiten?

Noch einmal: Das Ziel ist hier nicht, uns selbst zu psychoanalysieren oder jede einzelne Schicht unserer Identität zu sezieren, sondern ich möchte, dass Sie erkennen, wie tiefgreifend und bedeutsam Ihre *„Ich bin …“*-Aussagen – Ihr drittes Wort – in Ihrem Leben sind und wie sehr sie dazugehören.

Manche Ihrer dritten Wörter sind natürlich zutreffend, andere aber auch nicht. Ich kann gar nicht genug betonen, wie wichtig es ist, sich mit diesen dritten Wörtern zu befassen und mit unseren Stärken und Schwächen richtig umzugehen. Ihre dritten Wörter dirigieren nämlich wohl oder übel Ihr Leben. Sie können zwar weitgehend die Kontrolle über diese Wörter haben, aber dazu müssen Sie sie erst einmal identifizieren.

Das ist gar nicht so einfach, aber auch nicht unmöglich. Ihr wahres Selbst ist kein unentschlüsselbares Mysterium. Wir haben ja bereits festgestellt, dass Gott uns durch und durch kennt, und ich glaube, er möchte uns auch helfen, uns selbst genauso gut zu kennen.

Mit genau dieser Aussage endet Psalm 139:

Erforsche mich, Gott, und erkenne mein Herz,
prüfe mich und erkenne meine Gedanken.

Zeige mir, wenn ich auf falschen Wegen gehe,
und führe mich den Weg zum ewigen Leben.
(Verse 23-24, Neues Leben Bibel)

David bittet Gott, ihn zu *erkennen*, ihn zu *erforschen* und ihn zu *führen*.

Und genau diese Haltung sollen auch wir einnehmen.

Geben Sie zu, dass wir nicht auf alles eine Antwort haben. Begreifen Sie und erkennen Sie an, dass Gott alle Antworten hat, und lassen Sie sich auf diesen Prozess ein.

Ja, wir sind kompliziert, und wir werden wohl nie jeden Faden, Knoten und jedes Gewirr unserer Existenz im Gewebe unserer Identität verstehen. Aber je mehr wir Gott kennenlernen, desto besser lernen wir uns auch selbst kennen und – so glaube ich wenigstens – desto mehr Freude haben wir auch an uns selbst.

Ich kann Ihnen nicht versprechen, dass dieser Weg, auf dem Sie sich selbst entdecken, leicht wird. Vielleicht kommen dabei ein paar Schmuddelecken oder sogar Leichen im Keller zum Vorschein. Aber wenn Sie lernen, Ihr wahres Ich und seinen Wert zu erkennen, dann werden Sie Frieden und Freiheit erleben wie nie zuvor.

Wer sind Sie also wirklich?

VIER

Sich selbst treu bleiben

Ich liebe Musik. Das war schon immer so. Und ich glaube, ich habe auch schon immer gern vor vielen Menschen auf einer Bühne gestanden. Ein guter Persönlichkeitstest könnte wahrscheinlich aufdecken, welche Gründe das hat.

Es war deshalb also irgendwie eine ganz natürliche Entwicklung, dass ich als Teenager eine Band gründete, natürlich mit einer herrlichen Vision von Ruhm und Größe. Wir würden Hits schreiben, Grammys verliehen bekommen, uns mehr aufblasen als Pearl Jam und die Welt beherrschen.

Wir haben zwar nie die Weltherrschaft erlangt, aber immerhin den zweiten Platz beim Moncks Corner Fourth of July Festival Battle of Bands erreicht. Nimm das, Eddie Vetter!

Einmal nach einem besonders begeisterten Auftritt bei uns zu Hause im Garten, fragte ich meine Mutter, wie es ihr gefallen hätte. Sie sagte, es sei gut gewesen, klang dabei aber zu sehr wie eine Mutter und nicht genügend wie ein Fan. Ich wusste deshalb, dass sie nicht die Wahrheit sagte. Also hakte ich nach und fand heraus, was ihr nicht gefallen hatte, als sie mir eine einfache Frage stellte: „Wann hören wir denn *dich mal* singen?"

Ich war der Lead-Sänger, also konnte sie damit nicht meinen, dass ihr Sohn stärker im Rampenlicht stehen sollte, sondern ihre Bemerkung zielte darauf ab, dass ich als Sänger einer Cover-Band jeden Star von Darius Racker über Billie Armstrong und Van Morrison bis hin zu Jimi Hendrix coverte. Das allerdings gar nicht so schlecht, wie ich anmerken möchte.

Sie wollte jetzt aber wissen, wann sie denn einmal *mich*, ihren Sohn Steven, zu hören bekäme.

Ein bisschen so kann auch unser Leben sein. Wir können so viel Zeit und Kraft darauf verwenden, so zu sein wie andere Leute, dass die Welt unser wahres Ich gar nicht zu sehen bekommt. Und was noch viel schlimmer ist, dass nicht einmal *wir selbst* es zu sehen bekommen.

Was würde wohl passieren, wenn wir nur halb so intensiv daran arbeiten würden, zu entdecken, wer wir eigentlich selbst sind, wie an dem Versuch, jemand anders zu sein? Wie viele Menschen leben mit verborgenen Talenten und ungenutzten Chancen, weil sie unbedingt jemand sein möchten, der/die sie *nicht sind*, und so nie entdecken, *wer* sie wirklich sind.

Vielleicht kennen Sie ja das Gleichnis von den verborgenen Talenten, das Jesus erzählt (Matthäus 25). Ein Talent war übrigens in der jüdischen Welt eine Gewichtseinheit, die einem Gewicht von knapp 35 Kilogramm entspricht. In dem Gleichnis symbolisiert das Talent all die Ressourcen, die wir von Gott geschenkt bekommen – Zeit, Geld, Kraft, Fähigkeiten und, ja, auch Talente.

In dem Gleichnis geht ein reicher Geschäftsmann auf eine lange Reise und vertraut während seiner Abwesenheit sein Anwesen mehreren Angestellten an. Er gibt einem von ihnen fünf Talente Gold und Silber – stellen Sie sich einmal fünf Jutesäcke voller Goldbarren oder Münzen vor –, einem zweiten zwei Talente und einem dritten ein Talent.

Die Angestellten, die die fünf Talente bzw. zwei Talente bekommen haben, arbeiten schwer, investieren das, was sie bekommen, und verdoppeln dadurch den ursprünglichen Betrag. Der dritte Angestellte entscheidet sich für die „Sicherheitsvariante“, indem er ein Loch gräbt und sein Talent verbuddelt.

Als der Chef wieder zurückkommt, ist er ebenso beeindruckt von dem, was die ersten beiden Angestellten erwirtschaftet haben, wie bestürzt über das Verhalten des dritten.

Als er den dritten Angestellten fragt, warum er denn das Geld vergraben hat, ist die Antwort des Mannes ziemlich simpel: „Ich hatte Angst“ (Vers 25).

Manchmal machen wir es auch so. Aus Angst verbergen wir die Person, die wir wirklich sind, und das, was sie an Eigenschaften und Gaben mitbekommen hat. Wir verbergen unsere wahre Identität, weil wir Angst haben, die Erwartungen, die an uns gestellt werden, nicht zu erfüllen. Wir haben Angst, nicht gut genug zu sein, wenn wir unser wahres Ich zeigen. Wir bringen doch nur alles durcheinander. Wir werden nicht genügen.

Aber letztlich ist das die Weigerung, die Gaben, die uns Gott geschenkt hat, einzusetzen. Wir weigern uns, die Menschen zu sein, als die uns Gott gedacht hat. Und um dem Ganzen die Krone aufzusetzen, gratulieren wir uns dann auch noch selbst dafür, dass wir so verantwortungsvoll, bescheiden und weise sind.

Doch ganz tief in unserem Innern ist einfach nur Angst.

Das hat übrigens nichts mit Persönlichkeit zu tun. Ich sage nicht, dass Sie extrovertierter sein oder sich eine Harley kaufen sollen, sondern ich will damit sagen, dass Sie sich selbst wertschätzen, sich selbst etwas wert sein und sich in die Welt um Sie her investieren sollen.

Wir warten alle darauf, Sie singen zu hören. Klar werden Sie hin und wieder Chaos produzieren, aber genau wie beim Karaoke gehören ein falscher Ton oder ein verpfuschter Text hin und wieder mit zum Besten daran.

Ich frage Sie also noch einmal: Wer sind Sie? Und wann werden wir Ihr wahres Ich zu sehen und zu hören bekommen?

Ich bin doch nur ehrlich …

Doch nicht nur Angst hält uns davon ab, wir selbst zu sein. Manchmal möchten wir uns auch einfach nur unsere Schwächen nicht eingestehen. Sie können es von mir aus Peinlichkeit nennen oder Stolz oder Würde oder Ihr Ego, aber es ist nie schön, wenn unsere Fehler aufgedeckt werden und dann für jeden sichtbar sind.

„Ich bin nur ehrlich" ist eine dieser Phrasen, die Leute benutzen, um sich im Gespräch auf diplomatische Weise unangreifbar zu machen. Vielleicht ist Ihnen so etwas auch schon mal passiert. Ein Freund von Ihnen sagt beispielsweise etwas, das eigentlich nur unverschämt oder unhöflich ist, schiebt dann aber einfach ein „Ich bin nur ehrlich, Kumpel" hinterher und findet, dass die Sache damit geritzt ist.

Ich bin einfach nur ehrlich? Soll das etwa den Schlag oder die Grobheit dessen abmildern, was du da gerade von dir gegeben hast? Denn das hilft nicht, Kumpel.

Einfach nur ehrlich sein.

Was bedeutet denn das überhaupt? Manchmal benutzen wir „Ehrlichkeit“ auch nur als Tarnung für Gleichgültigkeit. Ich glaube nicht, dass Gott uns die Erlaubnis gibt, ehrlich zu sein, indem wir weniger als unser Bestes geben. Nein, er möchte, dass wir die echteste Version unseres Selbst kennenlernen und uns mit ihr vertraut machen, mit der Version unseres Selbst, die den tiefen und innigen Wunsch hat, ihm immer ähnlicher zu werden.

Das Problem mit der Ehrlichkeit besteht ja darin, dass die Realität immer ziemlich chaotisch, fehlerbehaftet und unansehnlich ist. Das echte Sie und das echte Ich haben immer Macken.

Deshalb sind uns Phantasieversionen unseres eigenen Ichs und des Ichs anderer meist lieber. Und deshalb basteln wir an Fassaden, richten sie auf und legen uns irgendwelche Pseudopersönlichkeiten zu. Kritik irritiert und ärgert uns, weil sie uns daran erinnert, dass unsere Mängel und Fehler immer noch zu erkennen sind, obwohl wir uns doch solche Mühe geben, sie zu verbergen.

Ich weiß nicht, wie ich es möglichst höflich ausdrücken soll, also sage ich es einfach ganz direkt: Viele Menschen sind einfach zu stolz. Wir bezeichnen es als Perfektionismus oder den Wunsch, hervorragend zu sein, aber in Wirklichkeit ist es die Besessenheit, nie zu versagen. Es ist die Weigerung, auch mal schlecht dazustehen oder Fehler einzugestehen. Und das alles macht es so schwer, die Person zu sein, die wir sind, weil die nämlich alles andere als perfekt ist.

Ich finde es höchst amüsant, dass in Bewerbungsgesprächen

die Bewerber fast immer nach ihrer größten Schwäche gefragt werden. Es ist doch jedem klar, dass da niemand antworten wird: „Also ich *klaue* ab und zu.“ Oder: „Ich *lüge* ziemlich oft.“ Oder: „Ich *jammere* permanent.“ Man antwortet doch auf diese Frage eher: „Ich bin ein *Workoholic*“, „ich bin ein *Ordnungsfanatiker*“ oder „Ich bin eine *Perfektionistin*“.

Dieser Teil von Bewerbungsgesprächen sollte als das bezeichnet werden, was es ist: falsche Bescheidenheit oder Bescheidenheitsprahlen.

Perfektionismus mag ja als Pseudoschwäche in der Bewerbung ganz praktisch sein, aber es ist kein Lebensstil, den man durchhalten kann. Und wenn Sie bei sich selbst keine Schwächen dulden, dann wird es dadurch auf keinen Fall einfacher, Ihr wahres Selbst zu akzeptieren und damit zufrieden zu sein.

Irgendwann müssen wir alle unseren Stolz überwinden und zu unseren Defiziten und Abhängigkeiten stehen.

Damit will ich auf keinen Fall sagen, dass wir im Namen der Selbstannahme aufhören sollen, an unserem Jähzorn oder unserem Pessimismus zu arbeiten. Selbstwertgefühl ist keine Entschuldigung für destruktives Verhalten.

Vielmehr will ich damit sagen, dass das Leben als Christ weit mehr ist als Selbstoptimierung. Perfektionismus ist der Feind jeden Fortschritts. Dass wir als Menschen keine Vollkommenheit erreichen können, ist der Grund, weshalb Jesus sterben musste.

Die Überzeugung, dass Jesus sich mehr dafür interessiert, dass wir perfekt sind, als für unsere Beziehung zu ihm, ist der Anfang aller Verunsicherung.

Lieben tu ich dich dann später

Ein kurzer Test: Welche dieser Aussagen trifft zu?

Gott liebt uns, weil Jesus für uns gestorben ist.

Jesus ist für uns gestorben, weil Gott uns liebt.

Die erste Aussage klingt ja ziemlich geistlich. Jesus hat uns von unserem Chaos erlöst. Er ist für unsere Schuld gestorben, und jetzt kann Gott uns lieben, denn der Weg zu ihm ist frei. Wenn Gott uns sieht, sieht er Jesus, und das gefällt ihm. Deshalb kann er uns lieben und es mit uns aushalten. Richtig?

Falsch.

Wenn Sie schon einmal Johannes 3,16 gelesen haben, dann kennen Sie die richtige Antwort ja wahrscheinlich schon. Gott liebt uns nicht, weil Jesus für uns gestorben ist, sondern Jesus ist für uns gestorben, weil Gott uns liebt.

Er hat uns *zuerst* geliebt. Schon bevor er etwas getan hat und bevor Jesus etwas getan hat. Schon da hat Gott uns geliebt, und er liebt uns auch jetzt noch, *weil Gott Liebe ist.* Von all den dritten Wörtern, mit denen wir ihn beschreiben können, ist eines der wichtigsten *Liebe.*

Gottes Liebe und Barmherzigkeit waren schon vor allem anderen da. Seine Liebe und Barmherzigkeit haben ihn dazu gebracht, Jesus auf diese Welt zu schicken, damit er für unsere Sünde stirbt.

Deshalb ist b) die richtige Antwort.

Doch viele Menschen leben so, als wäre die richtige Antwort a), besonders wenn es darum geht, wie wir mit unseren Fehlern und Schwächen umgehen. Wir denken und reden und verhalten uns, als könnte uns Gott nur und ausschließlich durch Jesus lieben.

Wir denken: *Gut, dass Jesus für mich gestorben ist, denn sonst könnte Gott mich unmöglich ertragen.*

Wie bei allem irrigen Denken ist es auch hier so, dass diese Überzeugung etwas Wahres enthält. Im Unterschied zu uns ist Gott vollkommen heilig. Wir waren Sünder, die eigentlich die ewige Trennung von Gott verdient hätten, und unsere einzige Hoffnung ist die Gerechtigkeit, die uns Jesus durch seinen Tod am Kreuz schenkt. Das ist die Grundlage des christlichen Glaubens.

Rein juristisch gesehen ist es deshalb so, dass wenn Gott uns anschaut, er Jesus sieht, und das ist die rettende Gnade für uns.

Doch vom Beziehungsstandpunkt aus betrachtet duldet Gott uns nicht nur, sondern er liebt uns, geht uns nach und nimmt uns auf.

Ich denke, dass wir das oft nicht glauben können. Jedenfalls leben wir nicht so, als würden wir es glauben. Wir nehmen oft an, dass der einzige Grund, weshalb Gott nicht die Geduld verliert und uns von der Erde schnippst, der ist, dass er uns durch die Jesusbrille anschaut, wenn er uns anschaut. Er holt tief Luft, zählt bis zehn und hält die Strafe zurück ... für dieses Mal. Und wir gehen dabei davon aus, dass Gott dabei ganz verliebt ist in die künftige Version von uns, die perfekte Version, die Version von uns, die unmöglich ist.

Wir arbeiten so hart wir können daran, uns selbst zu ändern und in Ordnung zu bringen, denn das ist Gott doch am wichtigsten. Das erwartet er doch von uns, und das sind wir ihm schuldig.

Die Person, die wir jetzt sind, mit all dem Chaos, den Fehltritten und Fehlern, die kann er doch unmöglich lieben –

keine Chance. Unsere einzige Hoffnung besteht darin, uns hinter der Gnade von Jesus zu verbergen. Es ist, als wäre das Kreuz eine Art Ganzkörperschutz.

Und wenn wir aufhören könnten zu rauchen und/oder zu fluchen, die Kinder anzuschreien und nach 21.00 Uhr noch Eis zu essen, wenn wir es schaffen, tatsächlich noch etwas aus uns zu machen, dann kann Gott uns ja vielleicht doch noch als die Person annehmen, die wir tatsächlich sind. Für den Moment erträgt er uns, wie wir sind, aber später dann, wenn wir in Ordnung sind, wird er uns auch lieben.

Und wenn wir irgendwann unsere selbstgesteckten Ziele erreicht haben – indem wir unser Idealgewicht erreichen, mehr Geld verdienen und unseren Lebensstandard verbessern –, dann können wir uns ja vielleicht sogar selbst lieben.

Ich kann Ihnen gar nicht sagen, wie falsch und zerstörerisch diese Sichtweise ist.

Die Bibel lehrt nämlich genau das Gegenteil. Gott hat uns schon geliebt, als er uns noch völlig egal war. Wie viel sicherer können wir uns da jetzt seiner Liebe sein, wo wir ihn kennenlernen und ihm nachfolgen möchten.

David schreibt: „Wie sich ein Vater über seine Kinder zärtlich erbarmt, so erbarmt sich der Herr über alle, die ihn fürchten. Denn er weiß, dass wir vergänglich sind, er denkt daran, dass wir nur Staub sind“ (Psalm 103,13; Neues Leben. Die Bibel).

Das heißt, Gott ist nicht eingeschüchtert, angewidert oder frustriert von der Menschheit, sondern er fühlt sich absolut wohl mit dem Durcheinander, das die Menschheit nun mal ist.

Was wiederum zu der Frage führt: Wenn wir absolut angenommen sind so, wie wir sind, welche Motivation haben wir dann noch, uns zu ändern?

Mir gefällt die Antwort des Theologen Richard Rohr auf diese Frage:

Die meisten Menschen haben gelernt, dass Gott uns lieben würde, wenn wir uns änderten. In Wirklichkeit ist es aber so, dass Gott Sie liebt, damit Sie sich ändern können. Was Ihnen überhaupt erst die Kraft gibt, sich zu ändern, und den Wunsch in Ihnen weckt, sich zu verändern, ist die Erfahrung, geliebt zu sein. Es ist diese Erfahrung von Liebe, die der Motor für Veränderung wird.[4]

Das Ziel der Veränderung ist nicht die Liebe Gottes, sondern Gottes Liebe ist das Geschenk, durch das die Ziele erst möglich werden. Wenn wir ein Geschenk wie ein Ziel behandeln, dann wird dadurch beides – sowohl das Geschenk als auch das Ziel – abgeschwächt.

Du hast was gehört ...?

Wir haben jetzt zwei gewichtige Gründe dafür angeschaut, dass wir nicht wir selbst sein wollen: Da ist zum einen die Angst vorm Versagen und zum anderen der gute alte Stolz. Die Lösung für beides besteht darin, sich mit den eigenen Schwächen anzufreunden, weil wir wissen, dass die Liebe Gottes und seine Berufung nicht davon abhängen, dass wir perfekt sind.

Aber es gibt noch einen weiteren Grund, weshalb wir nicht

als die Person leben, die wir eigentlich sind, und das ist der schwerwiegendste von allen: *falsche Informationen.*

Wir weisen uns selbst alle möglichen dritten Wörter zu und sind absolut überzeugt davon, dass sie stimmen, aber unsere Selbstwahrnehmung kann ja auch auf falschen Angaben beruhen, mit der Folge, dass wir nie völlig ausschöpfen, was Gott in uns hineingelegt hat.

Ich habe einen Freund namens Wade. Einer der Gründe, weshalb Wade eine echte Berühmtheit ist, besteht darin, dass er in der sechsten Klasse in einer Reihe von Sexualkundevideos mitgespielt hat, die in den Grundschulen im gesamten Bundesstaat South Carolina gezeigt wurden – unter anderem natürlich auch in Wades eigener. Das hatte er allerdings nicht bedacht, als er sich um den Job bewarb. Inzwischen ist er Ende dreißig, hat sich aber von der Geschichte immer noch nicht wieder ganz erholt.

Die besagten Videos wurden ungefähr 1980 gedreht, waren entsprechend zahm und sind außerdem auf eine so urkomische Weise altmodisch, dass ich eins davon einmal an einem Sonntagmorgen in unserer Gemeinde gezeigt habe. Ich weiß, ich habe eine seltsame Art von Humor.

In dem Video, um das es ging, spielt Wade einen Jungen namens Petey. Petey und sein Kumpel Steve spielen Basketball und sind bekleidet mit etwas, das wahrscheinlich Karottenjeans sind, und natürlich Reebok-Pumps. Ein älterer Mann, offenbar ein Lehrer, steht am Spielfeldrand und schaut zu. Der Kampf wird immer härter, und irgendwann springt Steve hoch, und Petey bekommt dabei versehentlich einen Tritt in die Weichteile.

Petey stöhnt auf, schnappt nach Luft, taumelt über das Spielfeld und bricht dann zusammen. Sein Auftritt hätte wirklich einen Oscar verdient. Steve rennt hin und fragt mit schönster Brady-Bunch-Stimme: „Alles in Ordnung, Pete? Tut mir echt leid, Mann."

Reaktion: „Uuuuh, mir ist schlecht."

Sofort rennt der seltsame Erwachsene hin, mischt sich ein und sagt: „Sei tapfer, Tiger. Ich weiß, wie weh das tut. Nichts schmerzt einen Mann schlimmer als ein Tritt in die Genitalien."

Und schließlich kommt dann Steve mit dem absoluten Hammer: „Boah, Mann, pass bloß auf. Ich habe gehört, dass man Krebs bekommen kann, wenn man dort einen Schlag abkriegt!"

An dieser Stelle spricht der Lehrer/Held Steve mit leicht zusammengekniffenen Augen und fragt ungläubig, beinahe drohend: „Du hast *was* gehört?"

Und ... Ende. Schwarze Leinwand.

Der Satz: „Du hast *was* gehört?", ist am Ende das, worauf das ganze Video hinauswill. Kinder und Jugendliche sollen dazu ermutigt werden, sich aus seriösen und zuverlässigen Quellen zu informieren.

Das ist ein guter Rat im Zusammenhang mit Sexualerziehung und Verletzungen beim Basketball, aber der Rat ist auch nicht schlecht, wenn es um unsere Identität geht.

Uns rattern dritte Wörter durch den Kopf, die wir dort gar nicht bewusst hingetan haben. Wir haben sie weder genauer überprüft noch bestätigt, sondern sie haben sich schon vor langer Zeit eingeschlichen und sind einfach geblieben, und zwar unhinterfragt und unzensiert.

Dabei sind sie manchmal völlig daneben.

Viele Menschen haben schon vor langer Zeit entschieden, wer sie sind. Und sie lassen sich da auch kaum etwas sagen.

Vielleicht ist es etwas, das ein Elternteil oder eine Freundin gesagt hat und das uns jetzt schon so lange anhaftet, dass es ein Teil unserer Psyche geworden ist. Vielleicht war es eine Tragödie oder ein Versagen, und wir sind vom Trauma dieses Augenblicks für immer gezeichnet. Wir haben uns selbst versprochen, dass wir das nie wieder versuchen.

Wenn wir zulassen, dass ungenaue oder unzutreffende dritte Wörter unser Betriebssystem programmieren, dann ist es natürlich kein Wunder, wenn wir uns unfähig fühlen. Wir beurteilen uns anhand von Annahmen und Vorwürfen, die kaum eine oder gar keine Grundlage haben. Wenn wir unsere Phantasie mit verzerrten Erinnerungen und unbegründeten Ängsten füttern, dann vergiften wir dadurch unser gesamtes Potenzial.

Es ist Zeit, den Ursprung und die Herkunft dieser dritten Wörter zu hinterfragen und sich selbst ein bisschen ungläubig zu fragen: „Du hast *was* gehört?"

Erste Eindrücke

Sie kennen ja bestimmt die Weisheit: Für den ersten Eindruck gibt es keine zweite Chance.

Das ist ein treffender Aphorismus. Wenn Sie eine Verabredung oder einen Termin mit jemandem haben, der vielleicht am Ende Ihr Ehepartner oder Ihr Chef werden oder sonst eine wichtige Position in Ihrem Leben einnehmen könnte, dann wollen Sie doch einen möglichst guten ersten Eindruck machen. Sie bügeln sorgfältig Ihr bestes Hemd und tun alles, um Ihre Stärken hervorzuheben. Die Gunst dieser Person zu erlangen könnte sehr viel für Ihre Zukunft bedeuten.

Wenn es aber um Gott geht, dann ist das Wort Eindruck völlig ohne Belang. Erste Eindrücke, zweite Eindrücke, falsche Eindrücke, letzte Eindrücke – sie sind bei ihm völlig bedeutungslos, weil er ja Ihr wahres Ich kennt. Er schaut hinter die Fassade und erkennt, wer Sie wirklich sind.

Sie brauchen ihn nicht zu beeindrucken, um seine Gunst zu gewinnen. Dass das nötig wäre, ist ein Irrtum, der bei Christen und Nichtchristen gleichermaßen verbreitet ist. Und auch bei mir selbst lauert er manchmal im Schatten meines Inneren. Wir meinen, dass wir uns erst putzen und schönmachen müssen, bevor wir uns Gott nähern können. Wir nehmen an, dass nur diejenigen seine Gnade und Güte und Liebe erfahren, die sich als würdig erweisen.

Doch das ist nicht die Botschaft, mit der Jesus zu uns gekommen ist, und auch nicht die des Gottes, den er in Menschengestalt vertritt.

Schauen Sie sich jeden Menschen an, dem Jesus begegnet ist, von den handverlesenen Jüngern über die Sünder, mit denen er gemeinsam aß, bis hin zu dem Dieb, dem er noch am Kreuz Vergebung zusprach. Jesus hat jeden Menschen an seinem Tiefpunkt erlebt. Er ist ihnen mitten in ihrem Chaos begegnet, in ihrer ungeschönten Realität, in ihren Momenten größter Verzweiflung. Er liebte sie und glaubte auch dann an sie, wenn es an ihnen so gar nichts Liebens- oder Bewundernswertes gab.

Sie brauchen auf Gott keinen guten Eindruck zu machen.

Aber sie müssen *ehrlich* zu ihm sein. Und auch zu sich selbst.

Die Antwort auf die Probleme mit unserer Identität finden wir nicht bei uns selbst, sondern nur in Jesus. Unsere wahre Identität finden wir, wenn wir unsere dritten Wörter durch den Filter der Realität des *Christus in uns* laufen lassen.

Lassen Sie uns also schauen, was geschieht, wenn unsere dritten Wörter auf die Kraft Gottes treffen.

FÜNF

Eine neue Art, Gottes Namen zu benutzen

Nach dem 1. Juni 2002 gab es das Mädchen namens Holly Boitnott nicht mehr, und das lag daran, dass sie an „dem größten Tag ihres Lebens“, wie ich ihn in der mir eigenen Bescheidenheit nenne, Holly Furtick wurde.

Was geschah, als meine Frau meinen Namen annahm? Sie bekam nicht nur einen neuen Pass, einen neuen Führerschein und tauschte einen unmöglich auszusprechenden Nachnamen gegen einen anderen. Sondern als Holly meinen Namen annahm, wurde sie eins mit mir. Unsere Firmen fusionierten sozusagen.

Dabei machte sie das unbestritten schlechtere Geschäft. Jedenfalls sind wir jetzt das, was wir sind, gemeinsam. Was wir tun, tun wir gemeinsam, und was wir haben, gehört uns gemeinsam.

An dem Tag, als Sie Christ/Christin wurden, haben Sie den Namen von Jesus angenommen. Das war zweifellos der größte Tag *Ihres* Lebens. Das war der Tag, an dem Sie sich ihm ganz und gar anvertraut und im Austausch dagegen alles von ihm bekommen haben. Und wer bei diesem Deal besser abgeschnitten hat, liegt ja wohl auf der Hand.

Sie sind eins geworden mit Jesus. Sie sind jetzt er, und was er hat, das haben Sie auch.

Der Apostel Johannes sagt: „Darin ist die Liebe bei uns vollendet, auf dass wir die Freiheit haben, zu reden am Tag des Gerichts; *denn wie er ist, so sind auch wir in dieser Welt*" (1. Johannes 4,17, Luther).

Wie er ist, so sind auch wir. Das heißt, dass unsere Identität in seine eingehüllt ist. Wer wir sind, hat seinen Ursprung darin, wer er ist.

An dem Tag, an dem Sie seinen Namen angenommen haben, hat sich alles geändert.

Oh mein Gott!

Lesen Sie bitte weiter, auch wenn Sie bei dieser Überschrift vielleicht ein bisschen zusammenzucken.

Ich bin mir sicher, Sie haben schon von den Zehn Geboten gehört. Ein paar davon können Sie vielleicht sogar auswendig. Bei den Zehn Geboten handelt es sich um zehn Anweisungen, die Gott dem Volk Israel durch Mose übermittelte, kurz nachdem es aus der Gefangenschaft in Ägypten befreit worden war. *Betet keine anderen Götter an. Treibt keinen Götzendienst. Arbeitet nicht am Sabbat. Gehorcht euren Eltern. Bringt niemanden um. Schlaft nicht mit Leuten, mit denen ihr nicht verheiratet seid. Nehmt euch nichts, was nicht euch gehört. Sagt die Wahrheit. Beneidet andere nicht.*

Das klingt doch alles ganz gut, oder? Das sind doch alles Dinge, die wir unterschreiben würden, oder?

Doch wenn Sie jetzt nachzählen, werden Sie feststellen, dass ich eines der Gebote ausgelassen habe. Es ist das Gebot, das ich als Kind und Jugendlicher immer missverstanden habe. Es taucht in 2. Mose 20,7 auf und lautet: Du sollst *den Namen des Herrn, deines Gottes, nicht missbrauchen*; denn der Herr wird den nicht ungestraft lassen, der seinen Namen missbraucht" (Luther).

Ich habe gelernt, dass dieses Gebot eine ganz konkrete, klar umrissene Anwendung hat und im Grunde nur besagt, dass man nicht „Oh mein Gott!" sagen soll, wenn man außer sich ist vor Freude oder extrem geschockt; dass es bedeutet, nicht „Oh Gott!" zu sagen, wenn einem ein Missgeschick passiert ist, oder „Jesses", wenn man beim Autofahren von jemandem geschnitten wird.

Als Kind und Jugendlicher und sogar noch als Erwachsener konnte ich nicht verstehen, wieso aus dieser Sache, Gottes Namen nicht zu missbrauchen, so ein Riesending gemacht wurde. Wie konnte es dieses Gebot in die Top Ten schaffen, wo doch Gott so viele Regeln und Richtlinien hätte aufstellen können?

Wenn Sie schon länger in christlichen Kreisen unterwegs sind, dann haben Sie wahrscheinlich auch schon miterlebt, dass unsere Anwendung dieses Gebotes auch manchmal ein bisschen außer Kontrolle geraten kann. Ich wurde zum Beispiel einmal von einem wohlmeinenden Mann zum Mittagessen eingeladen, weil er ein schwerwiegendes Problem ansprechen wollte: meine unangemessene Benutzung des Namens des Herrn in Form von Begriffen wie: *gosh, golly, gee und jeez.*

Ich habe schon erlebt, wie Menschen ernsthaft darüber diskutiert haben, ob man in SMS die Abkürzung OMG benutzen darf.

Gosh, ich habe keine Ahnung, was ich dazu sagen soll. Gee.

Aber mal im Ernst, es ist doch schon ein ganz guter Anfang, in Gesprächen den Namen Gottes respektvoll zu benutzen. Da stimme ich absolut zu. Doch in dem besagten Gebot geht es um viel mehr als darum, wie man den Namen Gottes als Vokabel einsetzt. Es geht vielmehr darum, wie man seinen Namen *zu einer Art Lebensstil macht.* So jedenfalls wurde das Gebot von den Israeliten verstanden.

Gehe ich mit dem Namen Gottes angemessen und ehrfürchtig um? Oder missbrauche ich ihn? Das heißt, lebe ich der Bedeutung dieses Namens gemäß oder so, als würde ich ihn gar nicht kennen und hätte nie seinen Namen angenommen, sodass ich jetzt Teil seiner Familie bin?

Leider neige ich dazu – vielleicht ja genau wie Sie –, in dieser Frage fast eine Drohung wahrzunehmen. Wir glauben, dass Gottes Fokus auf unserem Verhalten liegt. Wir fühlen uns ein bisschen wie ein Kind, das sich in der Öffentlichkeit danebenbenimmt, sodass ihm die Eltern warnend etwas ins Ohr zischen, während sie gleichzeitig (nach außen) ein künstliches Lächeln aufsetzen, um zu verbergen, wie angefasst oder gar wütend sie innerlich sind.

„Bring mich bloß nicht in Verlegenheit", hören wir Gott förmlich sagen. „Rede und benimm dich gefälligst so, wie ich es sage, und wirf kein schlechtes Licht auf mich."

Doch unser Verhalten macht ja nur einen Bruchteil dessen aus, was es bedeutet, den Namen Gottes zu missbrauchen.

In Wirklichkeit hat dieses Gebot unmittelbar mit unseren dritten Wörtern zu tun, also mit unserer Identität und damit, wie wir uns selbst sehen.

Denken Sie daran, dass der Name Gottes ist: ICH BIN. Also

jedes Mal, wenn wir seinen Namen verwenden und dann ein drittes Wort einsetzen, das dem widerspricht, was Gott über uns sagt, missbrauchen wir seinen Namen. Wenn wir unsere dritten Wörter über seines stellen, dann benutzen wir seinen Namen wie etwas Leeres oder Hohles.

Sie denken oder sagen beispielsweise vielleicht: „Ich bin ... erbärmlich."

Darauf reagiert Gott so: *Vielleicht fühlst du dich gerade so, aber du hast ja meinen Namen angenommen, und ich bin ... mächtig und habe viel Kraft. Wenn ich in dir bin, dann kannst du gar nicht mehr erbärmlich sein, denn du hast alle Kraft, die in meinem Namen ist.*

Merken Sie, wie umwälzend das ist? Dieses Gebot ist gar keine Drohung, die uns zum Gehorsam zwingen will, sondern vielmehr die Erlaubnis, uns so zu verhalten und zu sein, wie wir eigentlich sind ... nämlich *in ihm.*

Gott macht uns das Geschenk einer Identität.

Seiner Identität.

Seiner Zulänglichkeit.

Seiner Befähigung.

Gott möchte Ihnen in Ihrer Situation, gerade auch in Ihrer Schwäche und in Ihrer Bedürftigkeit, einen Namen geben.

Aber Sie müssen ihn auch annehmen.

Sie müssen lernen, ihn zu benutzen.

Wie man man selbst sein kann

Ihre Identität beginnt mit der Identität Gottes und hängt von ihr ab.

A.W. Tozer schreibt: „Was uns in den Sinn kommt, wenn wir an Gott denken, ist auch das Wichtigste über uns selbst."[5]

Gott definiert uns. Wer er ist, gehört in die Lücke unseres *„Ich bin ..."*, definiert, wer wir sind. Unsere Vorstellung von Gott dringt in jeden Aspekt unseres Lebens ein, formt und färbt unsere Identität. Sie bestimmt über die dritten Wörter, die wir über uns selbst glauben, und die dritten Wörter, die wir von uns weisen.

Und es ist nicht nur unmöglich, sondern auch gefährlich, voneinander zu trennen, wer wir sind und wer Gott ist. J.I. Packer warnt in seinem Buch *Knowing God*:

Die Welt wird zu einem fremden, wahnsinnigen, schmerzvollen Ort und das Leben zu einer enttäuschenden und unangenehmen Angelegenheit für diejenigen, die nichts über Gott wissen. Wenn man sich nicht mit Gott beschäftigt, verurteilt man sich selbst dazu, wie blind, orientierungslos und ohne zu verstehen, was um einen her eigentlich los ist, durchs Leben zu stolpern. Auf diese Weise kann man sein Leben vergeuden und seine Seele verlieren.[7]

Die Vorstellung, wir könnten uns selbst finden, ohne erst Gott gefunden zu haben, ist ein Trugschluss und als Selbsterkenntnis maskierte Ignoranz und Arroganz. „Sich selbst finden" ist in unserer Kultur ein ungeheuer beliebter Zeitvertreib, doch ohne Zusammenhang ist es zum Scheitern verurteilt.

Gerade die Begriffe, die wir benutzen, machen das Problem deutlich: Selbsthilfe, Selbstwertgefühl, Selbstverwirklichung, Selbstannahme und Selbstoptimierung.

Was haben sie alle gemeinsam?

Genau. Das *Selbst.*

Aber das Selbst ist der falsche Ausgangspunkt.

Ich behaupte gar nicht, dass das Selbst unser Problem ist. Ich möchte gar nicht, dass wir unsere Individualität aufgeben und Klone irgendeiner illusorischen Vorstellung werden.

Aber wenn wir uns wirklich selbst entdecken wollen, wenn wir wirklich herausfinden wollen, ob wir qualifiziert sind, dann müssen wir über uns selbst hinausschauen auf den, der uns geschaffen hat.

Klar können wir uns auch ohne Gott selbst verstehen – jedenfalls zum Teil. Wir können unser Temperament und unsere Persönlichkeit entdecken, können Vorlieben und Abneigungen benennen und können aufzählen, wofür wir begabt sind und wofür nicht. Wir können uns durch unsere emotionalen Labyrinthe tasten und tief eintauchen in unsere verdrängten Traumata. All das hat sicher seinen Platz. Ich bin nicht gegen Therapeuten, Psychiater oder Selbsthilfe, denn die gibt es doch gerade wegen dieser Frage, die uns alle zutiefst berührt und umtreibt, nämlich der Frage, wer wir sind.

Aber ohne Gott ist es unmöglich, ein klares Bild davon zu bekommen, wer wir sind, weil unsere Identität so eng und untrennbar mit seiner verwoben ist.

In einer Kultur, die sich so sehr über das Ich definiert, in einer Kultur, die völlig aufgeht in Image und Hochglanz und Posen, in einer Kultur, die geradezu besessen davon ist, ohne jede Zurückhaltung das eigene Schicksal selbst in die Hand zu nehmen, ist das eine Vorstellung, die nicht besonders gut ankommt.

Doch in Wirklichkeit ist es unglaublich befreiend.

Wenn man entdeckt, wer Gott ist, dann entdeckt man nämlich auch, wer man selbst ist.

Und wenn man entdeckt, wer man selbst ist, dann braucht man sich nicht mehr mit der Unsicherheit und der Selbstdarstellung herumzuschlagen, über die sich ein großer Teil der Gesellschaft definiert. Man muss sich nicht mehr so entsetzlich anstrengen, zu genügen und zu beweisen, dass man qualifiziert und für dieses Leben geeignet ist.

Man ist frei, man selbst zu sein.

Der Apostel Paulus beschreibt das so: „Jetzt sehen wir nur ein undeutliches Bild wie in einem trüben Spiegel. Einmal aber werden wir Gott von Angesicht zu Angesicht sehen. Jetzt erkenne ich nur Bruchstücke, doch einmal werde ich alles klar erkennen, so deutlich, wie Gott mich jetzt schon kennt“ (1. Korinther 13,12, Hoffnung für alle).

Das ist das dritte Wort, durch das sich alle anderen erschließen.

„*Ich bin* ... gekannt.“ Von wem? Von einem geduldigen, freundlichen, allwissenden Gott. Wenn Sie sich selbst durch irgendeinen anderen Spiegel betrachten als durch ihn, dann ist das Bild, das Sie sehen, immer verzerrt.

Die größte Lebensfrage

Wenn es also so wichtig ist, herauszufinden und zu entdecken, wer Gott ist, wie können wir das dann angehen? Wie können wir den unsichtbaren, ewigen, allmächtigen, allwissenden Schöpfer des Universums begreifen? Wie sollen wir uns mit jemandem identifizieren, der Zeit und Raum und die Schwerkraft nach seinem Willen lenkt? Besonders auch, da es so viele Auslegungen gibt, die sich oft extrem widersprechen.

Das klingt einschüchternd.

Aber das muss es gar nicht sein.

Wenn es darum geht, Gott zu finden, dann brauchen wir gar nicht lange zu suchen, denn er hat sich ja in Jesus offenbart. Dreiunddreißig Jahre lang hat Jesus auf der Erde gelebt und uns gezeigt, wie Gott denkt, spricht und liebt.

Interessant ist, dass Jesus sich dem Volk Israel offenbarte, indem er genau denselben Namen benutzte, den Gott Tausende Jahre zuvor auch Mose gegenüber benutzt hatte: ICH BIN.

Die Geschichte ist in Johannes 8 nachzulesen: Jesus hat mit einer Gruppe von Juden eine hitzige Debatte darüber, wer er ist und wozu er auf die Welt gekommen ist. Die Leute sind verwirrt, und nichts von dem, was Jesus sagt, scheint bei ihnen anzukommen.

Ein letzter Strohhalm bietet sich dann, als Jesus andeutet, dass er Abraham gekannt hat, der natürlich schon seit ein paar Jahrtausenden tot ist.

Daraufhin fragen ihn seine Zuhörer höhnisch, wie er denn Abraham gesehen haben kann, obwohl er noch nicht einmal fünfzig Jahre alt ist.

Und Jesus antwortet: „Wahrlich, wahrlich, ich sage euch: Ehe Abraham wurde, bin ich“ (Vers 58).

Ich bin. Da sind die beiden Worte wieder. Die Wörter, die unsere gesamte Existenz definieren, und neu definieren. Die Worte, die unseren dritten Wörtern vorausgehen und uns einladen, in der Identität Gottes zu leben.

Jesus will gar nicht verwirren, sondern er versucht hier zu sagen, dass er Gott ist.

So einfach ist das.

Jesus ist der ICH BIN. Gott ist der ICH BIN. Deshalb ist Jesus Gott.

Jesus wollte, dass seine Zuhörer begriffen, dass er derjenige war, auf den sie gewartet hatten, dass er die Antwort auf ihre Nöte, ihre Ängste, ihre Schwächen und ihre Sünden war.

Dass er der Weg *zu* Gott war, weil er Gott *war* und *ist.*

Etwas später führt Jesus dann mit Simon Petrus ein Gespräch darüber, wer er ist, und in diesem Gespräch stellt Jesus Petrus eine entscheidende Frage. Folgendermaßen gibt Matthäus das Gespräch wieder:

Da kam Jesus in die Gegend von Cäsarea Philippi und fragte seine Jünger und sprach: Wer sagen die Leute, dass der Menschensohn sei?

Sie sprachen: Einige sagen, du seist Johannes der Täufer, andere, du seist Elia, wieder andere, du seist Jeremia oder einer der Propheten.

Er sprach zu ihnen: Wer sagt denn ihr, dass ich sei?

Da antwortete Simon Petrus und sprach: Du bist der Christus, des lebendigen Gottes Sohn!

Und Jesus antwortete und sprach zu ihm: Selig bist du, Simon, Jonas Sohn; denn Fleisch und Blut haben dir das nicht offenbart, sondern mein Vater im Himmel.

Und ich sage dir auch: Du bist Petrus, und auf diesem Felsen will ich meine Gemeinde bauen, und die Pforten der Hölle sollen sie nicht überwältigen.

(Matthäus 16,13-18, Luther)

Simon Petrus weiß die richtige Antwort auf die Frage von Jesus. Jesus ist der Messias, der Erlöser. Er ist Gott.

Für Petrus ist das ein großer Moment. Er ist ja bekannt dafür, dass er kaum ein Fettnäpfchen auslässt, doch dieses Mal, als es wirklich um etwas geht, bekommt er es hin.

Was sagen Sie, wer Jesus ist?

Das ist die größte Frage des Lebens. Auf diese Frage die richtige Antwort zu geben ist gleichzeitig der Kern der Erlösung und der Beginn eines lebenslangen Weges.

Wir sind gerettet, wenn wir Jesus kennenlernen und glauben, dass er unser Herr und Erlöser ist. Aber das ist erst der Beginn unserer Beziehung zu ihm. Gott so zu kennen, wie er ist, ist höchst wichtig, um herauszufinden, wieso er uns geschaffen hat, und wie er uns gemeint hat.

Und diese Frage, wer Jesus ist, führt zu einer weiteren:

Was sagen Sie, wer Sie selbst sind?

Was wir über Jesus denken, ist grundlegend dafür, was wir über uns selbst denken. Als Petrus die Frage, wer Jesus ist, richtig beantwortet, definiert Jesus auch, wer Petrus ist. *„Du bist Petrus,* und auf diesem Felsen will ich meine Gemeinde bauen“ (Vers 18).

Bisher sind die Fischer aus Bethsaida immer an Simon vorbeigegangen, aber von jetzt an ist er als der Fels bekannt. Das ist nämlich die Bedeutung des griechischen Wortes *Petros.* Kein schlechter Spitzname, denn er drückt aus, dass Petrus trotz all seiner ziemlich offensichtlichen Schwächen von grundlegender Bedeutung sein würde für die Bewegung, die Jesus ins Leben gerufen hatte.

Auf Simons Bekenntnis hin, wer Jesus sei, schenkt Jesus ihm eine neue Identität, zu der sich Petrus von jetzt an selbst bekennen kann.

Vorher ...

War ich Petrus.

Jetzt ...

Bin ich ein Fels.

Nicht Petrus verändert sich in diesem Moment, sondern *wie er sich sieht.*

Jesus sagt, er ist ein Fels, und das heißt, dass er ihn qualifiziert.

Plötzlich hat Petrus Hoffnung. Er hat wieder eine Zukunft. Er kann den Mann in sich erkennen, der er in Wirklichkeit ist, den Mann, der er wird, weil Jesus das dritte Wort geändert hat.

„Du bist Petrus."

Gott möchte uns zeigen, wer wir wirklich sind. Er möchte uns jetzt unseren Wert zeigen, und er möchte uns die Augen dafür öffnen, wer wir in ihm und durch ihn werden können.

Doch an diesem Prozess gibt es oft einen ziemlich ernüchternden Punkt. Wir erkennen zwar irgendwann, wer Jesus ist, aber nicht den Zusammenhang zwischen dem, wer Jesus ist, und dem, wer wir selbst jetzt in ihm und durch ihn sind.

Theologisch ist uns das klar, aber wir wenden es nicht auf unser Leben und unseren Lebensstil an. Wir missbrauchen sozusagen seinen Namen, und zwar nicht, weil wir ihn nicht ehren oder wertschätzen, sondern weil uns nicht klar ist, wie machtvoll sein Name unsere Gegenwart durchdringen und unser ganzes Leben verändern kann.

Wir können gerettet und unterwegs in den Himmel sein, aber wenn wir unser drittes Wort nicht richtig herausbekommen, irren wir orientierungslos und abgelenkt durch unser Leben auf diesem Planeten und vergeuden Zeit, Ressourcen, Kraft und Träume.

Ich glaube, Gott möchte uns mitnehmen auf ein Abenteuer, bei dem wir ihn finden und dadurch auch uns selbst. Es ist ein Weg, der uns in eine Erfüllung führt, wie wir sie uns nie hätten träumen lassen.

Und ich glaube, eines wird uns auf diesem Weg auffallen, nämlich dass die meisten unserer dritten Worte zu klein sind. Sie werden Gott nicht gerecht. Wir begnügen uns mit Mittelmäßigkeit, weil wir glauben, dass wir mehr nicht glauben und erreichen können und auch nicht verdient haben. Aber Gott hält so viel mehr für uns bereit, das wir zusammen mit dem neuen Namen bekommen. Es ist ein Teil des Deals.

Glauben Sie, dass Jesus für *Sie* gestorben ist? Glauben Sie, dass er mit seinem Opfer am Kreuz ein für alle Mal für Ihre Schuld bezahlt hat? Dass er Sie als Sohn oder Tochter in die Familie Gottes hereingeholt hat – mit allen Rechten und Privilegien? Glauben Sie, dass Gott Sie nie mehr oder weniger lieben kann, als er es jetzt gerade tut, was auch immer Sie tun oder unterlassen?

Wenn Sie all diese Fragen mit ja beantworten können, dann wird es Zeit, auch entsprechend zu leben.

Wir kalkulieren Jesus oft gar nicht ein, wenn wir unser drittes Wort einsetzen. Die Wörter und Sätze, mit denen wir uns selbst beschreiben, erweisen sich am Ende oft als zu klein, zu begrenzt, zu sehr an Bedingungen geknüpft und zu rechtfertigend.

Gott möchte den Deckel abnehmen von dem, was Sie für sich selbst erwarten. Hören Sie auf, darüber zu reden, wer Sie nicht sind und was Sie alles nicht können, und hören Sie stattdessen zu, was Gott über Sie und Ihr Leben sagt. Hören Sie auf, sich selbst mit Etiketten zu versehen, und fangen Sie an, Gott tun zu lassen, was immer er in Ihnen, durch Sie und mit Ihnen tun will.

WSJÜM

Zu begreifen, wer Jesus ist, ist nicht einfach nur eine abgehobene Frage, über die man in schlaflosen Nächten sinnieren kann. Es ist kein Thema, über das Gelehrte debattieren und Professoren dozieren, sondern es ist eine Frage, die den Kern dessen trifft, wer Sie sind und wie Sie leben, besonders wenn Sie mit den Auswirkungen Ihres eigenen Menschseins zurechtkommen müssen.

Vielleicht haben Sie auf der Arbeit etwas total vermasselt und sind daraufhin wieder einmal entlassen worden. Das ist wie ein wiederkehrendes Muster in Ihrem Leben, und Sie hassen sich dafür.

Vielleicht haben Sie lange über Ihre Verhältnisse gelebt, mit

Ihren Konten und Krediten gepokert wie in Las Vegas, aber jetzt holen Ihre Schulden Sie ein, und die Pleite steht wie ein Gespenst vor Ihrer Tür.

Vielleicht haben Sie Ihre Frau betrogen, und jetzt können Sie das verlorene Vertrauen nicht wieder zurückgewinnen. Sie haben die Person im Stich gelassen, die sich am meisten auf Sie verlassen hat, und Sie wissen nicht, ob das, was Sie da angerichtet haben, jemals wieder von der Bildfläche verschwinden wird.

Vielleicht haben Sie die Chance gehabt, beruflich weiterzukommen, aber Sie haben auf Ihre Angst gehört und den Schritt nicht gewagt. Sie haben den richtigen Moment verpasst, und jetzt sind Sie frustriert, weil es so scheint, als wären Sie immer zu langsam, zu zurückhaltend und zu unsicher.

Und Sie fragen sich: *Gefalle ich Gott wirklich? Bin ich ihm tatsächlich recht, genau so, wie ich bin? Kann er mich auch dann annehmen, wenn mein wahres Ich gebrochen und fehlerhaft und unfähig und so ... stinknormal menschlich ist?*

Wenn es Ihnen schwerfällt zu glauben, dass Gott Sie lieben und annehmen kann, dann versuchen Sie doch einmal daran zu denken, was Jesus über Sie denkt. Schließlich ist Jesus ja gekommen, um uns das Herz Gottes zu zeigen. Was also Jesus über Sie denkt, das denkt auch Gott über Sie.

Erinnern Sie sich noch an die WWJD (What Would Jesus Do)-Armbänder? Michelle Haynes hat mir eins gekauft, als ich sechzehn war, und ich habe es getragen, bis beide Ws weg waren.

Die Frage *Was würde Jesus tun?* – und auch alle möglichen Ableitungen wie „Was würde Jesus fahren? Was würde Jesus essen?" haben sich zu einem Millionengeschäft entwickelt.

WWJD. Das ist eine großartige Frage, und in Momenten der Unentschlossenheit, Verwirrung oder Versuchung kann sie durchaus dabei helfen, die richtige Entscheidung zu treffen.

Ich stimme zu, dass es wichtig ist, was wir *tun*, aber wer wir *sind*, ist noch wichtiger, denn unser Verhalten wird immer davon bestimmt, wer wir sind – oder wer wir zu sein glauben. Die bessere Frage wäre deshalb: *Was sagt Jesus über mich?*

Das Akronym WSJÜM ist zwar nicht ganz so griffig, aber die Antwort auf diese Frage wird Ihr Leben revolutionieren, genauso wie es auch schon bei Petrus der Fall war.

Was sagt Jesus über Sie? Über Ihre Probleme? Über Ihre Bedürfnisse? Über Ihre Sünden?

Wenn Sie die Evangelien lesen, dann merken Sie schnell, dass es eine Spezialität von Jesus war, Problemmenschen zu lieben und ihnen zu helfen. Schauen Sie sich nur sein Leben an und die Menschen, mit denen er zusammen war, mit denen er aß und sprach. Schauen Sie sich an, wie er mit Menschen umging, die in Sünde lebten. Genau so geht er auch mit Ihnen um, und so denkt er über Sie.

Jesus ist gekommen, um der Liebe für eine kaputte Menschheit Hände und Füße zu geben. Jesus war gern mit gemeinen Menschen, mit egoistischen Menschen, mit süchtigen Menschen und bösen Menschen zusammen. Die Tatsache, dass sie stigmatisiert waren, störte ihn nicht. Er verbrachte seine Zeit besonders mit den Ausgestoßenen und Kaputten, kam mitten in das Chaos der Menschen hinein, und seine Liebe und Annahme, die wirklich von Herzen kamen, veränderten diese Menschen ein für alle Mal.

Erinnern Sie sich an die Frau, die beim Ehebruch ertappt wurde? Vielleicht kennen Sie ja die Geschichte. Sie steht in Johannes 8 und gehört zu den aufschlussreichsten Momenten im Wirken von Jesus auf dieser Erde.

Einige religiöse Führer hatten die Frau beim Ehebruch, dem Inbegriff unmoralischen Verhaltens, ertappt und beschlossen, an ihr ein Exempel zu statuieren, indem sie ihre Verfehlungen öffentlich zur Schau stellten, um Jesus eine Falle zu stellen.

Die religiösen Führer zerrten die Frau also vor ihn und fragten ihn, was mit ihr passieren solle. Sollte sie gesteinigt werden, wie es das Gesetz verlangte? Oder sollten sie sie laufen lassen und dadurch das Gesetz missachten?

Wenn Sie die Geschichte kennen, dann wissen Sie ja, wie es weitergeht. Jesus verurteilt die Frau nicht. Wenn er überhaupt jemanden verurteilt, dann diejenigen, die sie verdammen und steinigen wollen. Er macht deutlich, dass sie im Grunde nicht besser sind als die Frau und genau so dringend Gnade und Hoffnung brauchen wie sie.

Also verziehen sich die Kläger schweigend und beschämt einer nach dem anderen. Und so endet die Geschichte:

Da richtete Jesus sich auf und sprach zu ihr: Wo sind sie, Frau? Hat dich niemand verdammt?

Sie aber sprach: Niemand, Herr. Jesus aber sprach: So verdamme ich dich auch nicht; geh hin und sündige hinfort nicht mehr (Verse 10-11, Luther).

Ich kann die große Bedeutung dieser Situation, und wie Jesus mit der Frau und ihrer Sünde umgeht, gar nicht genug hervorheben. Er tut nämlich genau das Gegenteil dessen, was die Juden als Reaktion von Gott erwarteten.

Für sie war Gott ein heiliger Gott, ein Gott der Gerechtigkeit, ein richtender Gott. Er war ein vollkommener Gott, der auch auf winzigste Details des Gesetzes achtet. Das ist die Botschaft, die den Menschen von den Pharisäern eingeimpft wird. Und auch hier gilt wieder, dass an alldem ja auch etwas Wahres war: Gott ist ja wirklich ein heiliger Gott, und Sünde ist ein Affront gegen seine Heiligkeit. Die Sünde trennt die Menschen von Gott, und sie verdient Strafe und Tod.

Und das ist ja genau der Grund, weshalb Jesus auf diese Welt gekommen ist. Er ist nicht gekommen, um diese Frau zu verurteilen, sondern um sie zu retten. Er ist nicht ihr Ankläger, sondern ihr Anwalt.

Also lässt er sie gehen.

Verhöhnt er damit das Recht? Nein, denn letztlich weiß er ja, dass er selbst die Strafe für die Sünde der Frau tragen wird, so wie für jede andere Sünde, die im Laufe der Geschichte je von Menschen begangen wurde. Auch für meine und für Ihre.

Wie reagiert Jesus also auf unsere Sünde? Genau so, wie er hier in dieser Geschichte reagiert. Er verteidigt uns, er beschützt uns, und er zerstreut unsere Ankläger. Und er schenkt uns Hoffnung, dass wir künftig anders leben können.

Faszinierend an dieser Geschichte finde ich, dass wir nicht einmal den Namen der Frau erfahren. Wir nennen sie immer nur „die Ehebrecherin".

Und da wir gerade bei Etiketten sind, sie wird immer nur über ihren größten Fehler definiert –

für uns jedenfalls.

Doch Jesus sieht sie an jenem Tag nicht so, und „die Sünderin" ist auch nicht der Name, den Gott ihr gegeben hat.

Ich glaube, wenn wir in den Himmel kommen, werden wir alle darum bitten, die Frau persönlich kennenlernen zu dürfen, die nur als „die Ehebrecherin“ bekannt ist.

Und dort im Himmel wird man dann sagen: „Wen? Es gibt hier keine Frau, die so heißt. Ach, warte mal ... Meinst du ‚die Frau, die nicht für ihren Ehebruch verurteilt wurde‘? Die Frau, die hier unter dem Namen ‚Die Frau, der Jesus vergeben hat‘ bekannt ist? Die Frau, die wir auch gern ‚Die Frau, die ging und nicht mehr sündigte‘ nennen? Die ist da drüben. Sie hat jetzt einen anderen Namen.“

Und wo wir schon mal beim Thema sind, ich habe eine Freundin, die einmal in einer Gemeinde war, in der diese Geschichte unter dem Titel „Die Geschichte von den Männern, die beim Steinigen ertappt wurden“ bekannt ist. Schön.

Verstehen Sie mich bitte nicht falsch. Ich will damit nicht sagen, dass es egal ist, ob man Fehler macht und Sünden begeht. Sünde ist etwas Schreckliches. Verlust und Scheitern und Tragödien schmerzen wie verrückt. Ich verharmlose weder den Schmerz, noch entschuldige ich die Sünde.

Aber schauen Sie sich doch einmal an, wie Jesus die Menschen liebt, und übertragen Sie das dann auf Ihre Lebensumstände und Ihre Realität. Lassen Sie die Liebe Gottes, die in Jesus Mensch geworden ist, Ihre dritten Wörter einfügen. Lernen Sie es, sich selbst mit seinen Augen zu sehen. Betrachten Sie Ihre Selbstdefinitionen und Selbsteinschätzung mit den Augen der Barmherzigkeit, Güte und Kraft Gottes. Lassen Sie ihn entscheiden, was Sie qualifiziert.

Johannes fasst den Auftrag von Jesus so zusammen: „Gott hat nämlich seinen Sohn nicht zu den Menschen gesandt, um über sie Gericht zu halten, sondern um sie zu retten“ (Johannes 3,17)

Und das ist immer noch sein Auftrag. Zweitausend Jahre später ist es immer noch sein tiefstes, innigstes Herzensanliegen, die Welt durch Jesus zu retten und sie nicht zu verdammen.

Wenn Sie mit Ihrem Scheitern und Versagen konfrontiert werden, dann ist es viel zu einfach, sich aufzugeben und die Etiketten und Einschränkungen zu akzeptieren, die Ihre Vergangenheit Ihnen vermeintlich auferlegt.

Ich bin untreu.
Ich bin süchtig.
Ich bin erbärmlich.
Ich bin wertlos.

Aber in Christus sind alle Ankläger weg. Und der eine, auf dessen Meinung es am meisten ankommt, steht lächelnd und mit liebevollem Blick vor Ihnen. Und er sagt Ihnen, dass es Hoffnung gibt, dass es eine Zukunft gibt, dass Sie ein anderes Leben führen können und dass Sie die Person werden können, als die er Sie gedacht hat.

Akzeptieren, um zu verändern

Ich habe Schwächen und Sie auch, das haben wir jetzt festgestellt. Aber das kann ja nicht das Ende der Geschichte sein. Was machen wir mit diesen Schwächen?

Sollen wir einfach mit ihnen leben?

Sollen wir tun, als wären sie gar nicht da?

Sollen wir über sie beten?

Sollen wir sie beheben?

Es ist noch gar nicht lange her, da habe ich gedacht, ich wüsste die Antwort auf all diese Fragen. Ich hatte sogar zwei Antworten.

Das Problem dabei war allerdings, dass sie sich widersprachen.

Sechs

Das Gegenteil von Gott

Weil meine Söhne Elijah und Graham, acht und zehn Jahre alt, Geschwister, männlich und Nachkommen ihres Vaters sind, rivalisieren sie ein klitzekleines bisschen. Und mit *ein klitzekleines bisschen* meine ich ganz extrem, heftig und manchmal und wenn nötig auch gewalttätig.

Jeden Morgen, wenn ich aus dem Schlafzimmer komme, nachdem ich aufgewacht bin, rennen sie um die Wette, um mich als Erster zu umarmen. Ich höre sie schon, bevor ich sie sehe.

Das klingt jetzt vielleicht süß, aber das ist es nicht. Es hat nicht das Geringste mit kindlicher Zärtlichkeit oder grenzenloser Begeisterung darüber zu tun, ihren guten alten Dad zu begrüßen, sondern es ist ein Wettrennen, eine Jagd.

Und ich bin Ziellinie und Beute zugleich.

Diese morgendlichen Umarmungen sind die brutalsten, die man sich vorstellen kann, und ich habe gelernt, mich zu wappnen. Ich habe sogar schon daran gedacht, eine Football-Ausrüstung neben meinem Bett bereitzulegen.

Rivalität und Vergleichen gehen anscheinend immer Hand in Hand mit heftigem Revierverhalten. Keiner der beiden Brüder würde jemals zugeben, dass der andere auch nur ansatzweise irgendwelche guten Eigenschaften, Stärken oder Vorzüge hat. Das wäre wie das Eingestehen einer Niederlage.

Welches Kompliment auch immer ich einem der beiden mache, der andere überlegt sofort, wie er es abschwächen oder negieren kann.

Um ein bisschen Gerangel zu provozieren (habe ich eigentlich noch alle Tassen im Schrank?), stelle ich eine Frage wie: „Findest du nicht, dass Graham der stärkste Achtjährige der Welt ist, Elijah?"

Und der antwortet dann garantiert: „Ja, wenn Gegenteiltag ist."

Gegenteiltag. Eine clevere Art, alles, was ich gerade gesagt habe, auf den Kopf zu stellen und Sieger in diesem verbalen Duell zu werden.

Dabei ist eigentlich Gott – und nicht Spongebob – der Erfinder des Gegenteiltages. Natürlich nicht im negativen Sinne oder um des Widerspruches willen. Gott ist nicht darauf aus, uns zu frustrieren oder zu provozieren, aber er hat seine ganz eigene subtile Art, genau das Gegenteil von dem zu tun, womit wir rechnen oder was wir verdient haben. Er hat andere Werte und Prioritäten als wir, und seine Gedanken sind höher als unsere.

Und immer und unweigerlich ist das, was Gott sogar noch durch unsere Schwächen tut, größer und besser und kühner, als wir es erbitten oder uns auch nur vorstellen können.

Wenn wir unsere Unzulänglichkeiten und Fehler anschauen, dann neigen wir dazu, uns mit dem Status quo abzufinden. *Das schaffe ich nie im Leben*, denken wir. *Auch wenn ich mich noch so anstrenge, es reicht einfach nicht, und es kommt außerdem zu spät. Es ist hoffnungslos.*

Aber Gott lächelt und entgegnet: „Normalerweise – wenn du es aus eigener Kraft versuchst, würde das stimmen. Aber ich erkläre hiermit offiziell, dass heute Gegenteiltag ist. Also alles Negative, das du über dich selbst gesagt hast, wird auf den Kopf gestellt. Du hast gedacht, du wärest schwach, aber in Wirklichkeit bist du stark. Du hast gedacht, dass du versagt hast, aber ich bereite den größten Erfolg für dich vor und schenke dir Gelingen. Du hast gedacht, du wärest unfähig, aber deine Berufung ist klarer und gewisser als je zuvor. Es ist Gegenteiltag."

Das ist eine alberne Veranschaulichung, und ich kann gut verstehen, wenn das ein bisschen vereinfachend rüberkommt, aber Gottes Fähigkeit und sein Hang zu verstehen, genau das Gegenteil dessen zu tun, was wir verdient hätten, haben mich verändert. Es hat mich befreit und meine Art, mit Schwächen und Versagen umzugehen, umgekrempelt, und zwar sowohl bei mir selbst als auch bei anderen.

Es ist der Kern dessen, was ich in diesem Buch sage.

Wir machen viel zu oft eine Bestandsaufnahme unserer negativen dritten Wörter und geben dann verzweifelt auf. Unsere Probleme sind schmerzlich offensichtlich, und unser Versagen liegt qualvoll deutlich auf der Hand. Also legen wir unsere Träume unter der Rubrik „Märchen" ab.

Wir sind, wer wir sind, und wir fürchten, dass nichts daran etwas ändern kann.

Doch tief in unserem Inneren wissen wir, dass es Hoffnung geben muss. Wir lesen in der Bibel und treffen dabei auf einen Gott, der Wunder tut, einen Gott, für den nichts unmöglich ist. Etwas in unserem Inneren sagt uns, dass wir es doch noch einmal versuchen und wieder glauben sollen.

Was machen wir mit unseren Schwächen? Wie gehen wir mit der Tatsache um, dass wir Fehler haben und unsere Fehler offenbar verhindern, dass wir unsere Träume verwirklichen können?

Wie bereits erwähnt, gibt es auf diese Frage zwei mögliche Antworten, die allerdings nur schwer miteinander zu vereinbaren sind.

Die eine mögliche Antwort ist, *anzunehmen und uns darauf einzulassen*, wer wir sind. Darüber hat die Bibel richtig viel zu sagen: über unsere Demut, über unseren Zustand der Verlorenheit, darüber, wie sehr wir Gott brauchen und darüber, dass wir unseren Wert in Jesus finden. Man kann es auf jeden Fall biblisch begründen, auch die am wenigsten schmeichelhaften dritten Wörter einzugestehen und sich damit zu akzeptieren.

Das Problem dabei ist allerdings, dass dadurch Gottes Kraft zu verändern permanent unterschätzt wird. Diese Antwort verurteilt uns dazu, im Gefängnis unseres Status quo sitzen zu bleiben.

Aber sollen wir uns wirklich damit abfinden, wer wir jetzt sind, mit all unseren schädlichen und zerstörerischen Neigungen? Sollen wir wirklich einfach beschließen, uns selbst mehr zu lieben? Sollen wir Gut und Böse neu definieren, damit wir uns mit unserem derzeitigen wahren Ich, der Version unseres Selbst, mit der wir Tag für Tag fertig werden müssen, nicht ganz so schlecht fühlen?

Das scheint irgendwie auch nicht richtig, denn es entspricht so gar nicht dem Gott, den wir in der Bibel kennenlernen. Wir sind keine hilflosen, bedauernswerten Opfer, sondern Überwinder durch Jesus.

Die zweite mögliche Antwort besteht darin, unsere Schwächen durch Stärken zu *ersetzen*. Die zweite Antwort bedeutet, uns von Gott verändern zu lassen, unsere eigenen dritten Wörter zu löschen und die Lücke nach dem *„Ich bin ...“* von Gott ausfüllen zu lassen, unsere Bemühungen zu verdoppeln, unnachgiebig und unablässig Schlechtes durch Gutes zu ersetzen, gegen unsere Fehler anzukämpfen und uns selbst in Ordnung zu bringen.

Aber auch diese Antwort hat ihre ganz spezielle Problematik. In unserem Bemühen, all unsere Schwächen zu beheben und durch Stärken zu ersetzen, kann es sein, dass wir unseren Weg als Christen zu einer Art Selbsthilfeprogramm abwerten.

Und in diesem Prozess können wir uns bereit machen für lebenslange Enttäuschung, weil wir nie irgendetwas beheben oder in Ordnung bringen. Und bis dahin öffnen wir der Art von Selbstablehnung und Ungeduld Tür und Tor, die für Veränderung absolut kontraproduktiv ist.

Es scheint so, als ob sich diese beiden Möglichkeiten – akzeptieren oder ändern – gegenseitig ausschließen. Wenn wir mit unseren Schwächen konfrontiert werden, sollen wir sie dann ablehnen oder akzeptieren? Sollen wir sie einfach abschreiben oder uns daranmachen, sie zu beheben?

Als Pastor stelle ich oft fest, dass ich da ganz unterschiedlichen Rat gebe. Manchmal sage ich: „Sei nicht so streng mit dir selbst. Lass los und überlasse die Sache Gott.“ Dann wieder erkläre ich: „Es liegt ganz bei dir, ob du dich änderst; der Schlüssel ist deine Initiative.“

Dieses Buch ist eigentlich genau aus dieser Spannung im Umgang mit Schwächen entstanden. Ich habe mich irgendwann gefragt, wieso um alles in der Welt es für Menschen – meine Person eingeschlossen – eigentlich so schwer ist, sich zu ändern? Und je mehr ich mich mit der Bibel beschäftigte, desto klarer wurde mir, dass dieses Problem keineswegs neu ist. Auch die größten Glaubenshelden hatten mit grundlegenden Schwächen und Versuchungen zu kämpfen.

Mir wurde klar, dass meine Standardantworten der Vielschichtigkeit des Menschseins nicht gerecht werden.

Und was noch schlimmer ist, sie werden auch Gott nicht gerecht.

Die Antwort auf das Dilemma, ob wir unsere Schwächen akzeptieren oder uns ändern und sie durch Stärken ersetzen sollen, ist nicht so klar und eindeutig, wie ich einmal gedacht hatte. Aber sie ist die ganze Bibel hindurch immer wieder zu finden, und sie ist ebenso überzeugend wie praktisch. Wenn man sie erst einmal erkennt, dann bewirkt diese Antwort mehr als nur Verhaltensänderungen oder ein besseres Selbstwertgefühl. Sie befreit uns dazu, ganz wir selbst zu sein und die Persönlichkeit zu werden, als die Gott uns gedacht und geschaffen hat.

Es ist ein herrlicher, organischer, lebenslanger Prozess, der uns immer wieder auf Gott verweist, statt uns auf uns selbst zurückzuwerfen, auf seine Gnade statt auf eigene Anstrengung, auf Glauben statt auf Regeln.

Wenn ich schwach bin

nen Abschnitt in 2. Korinther 12 las, ging mir
e Licht auf.

In dem genannten Abschnitt spricht Paulus über einige der Kämpfe, die er mit sich selbst auszufechten hat, und äußert sich sehr offen darüber, wie frustriert er immer wieder über seine Schwächen ist. Er bezeichnet sie sogar als Stachel in seinem Fleisch und spricht davon, dass ein „Engel des Satans" dafür verantwortlich sei.

Es ist nicht völlig geklärt, um welches Problem es hier konkret geht, aber es könnte sich dabei um Augenprobleme gehandelt haben oder um Depressionen oder um seine Schwiegermutter oder sonst etwas. Okay, Paulus war nicht verheiratet, sodass die Option mit der Schwiegermutter wegfällt.

Entscheidend ist jedenfalls, dass es sich hier um eine *tatsächliche* Schwäche handelte, die Paulus in seinem Dienst behinderte, weil sie sowohl seinen Einfluss als auch seine Effektivität einschränkte. Nach unserem Maßstab war es ein Problem, das beseitigt werden musste. Das war die einzig logische Schlussfolgerung.

Da ist also der größte Verfasser im Neuen Testament, der Apostel, der von Jesus mit Gewalt von seinem Esel heruntergezwungen werden musste, damit er ihm seine himmlischen Visionen zeigen konnte; der Mann, der der gesamten heidnischen Welt die Tür zum Evangelium öffnet – und er ist verwirrt über seine Schwäche, die ihn behindert und einschränkt.

Wir können davon ausgehen, dass Paulus zu diesem Zeitpunkt bereits alles in seiner Macht Stehende getan hatte, um etwas an der Situation zu ändern, und es ist ja auch absolut nichts daran auszusetzen, wenn man versucht, seine Probleme zu lösen. Gott hat uns ja nicht ohne Grund unser Gehirn geschenkt.

Doch in diesem Fall genügte das nicht. Also tat Paulus, was

warum haben wir
Schwächen? um im Herzen eine lebendige

~~Die~~ Entscheidung zu treffen, Gott voll zu vertrauen, viel mehr als bisher, Du kannst mit nichts anderem Gott (dem Unsichtbaren) me

wohl jeder von uns tun würde. Er bat Gott, das Problem zu beheben. Sogar drei Mal bat er ihn darum.

Man kann wohl davon ausgehen, dass es beim dritten Mal nicht mehr nur eine höfliche Anfrage war. Wahrscheinlich hat Paulus da gebettelt und gefleht und gedrängt und vielleicht sogar versucht, ein bisschen zu manipulieren.

Das haben wir ja sicher auch alle schon einmal gemacht.

Solche Schützengrabengebete haben eine lange Tradition, und zwar bei Christen wie Nichtchristen gleichermaßen.

Doch bei Paulus half es nicht. Es änderte sich nichts. Jedes Mal, wenn er sich im Gebet an Gott wandte, sagte Gott zu ihm: „Meine Gnade ist alles, was du brauchst! Denn gerade, wenn du schwach bist, wirkt meine Kraft ganz besonders an dir“ (Vers 9).

Weil das nicht unbedingt das war, was Paulus hören wollte, betete er weiter.

Aber die Antwort von Gott war für Paulus zutiefst unbefriedigend, denn er war eben ein Mensch. Er hatte die gleichen Sorgen wie wir heute, das gleiche Bedürfnis nach Sicherheit und Kontrolle und Bestätigung.

Wir wollen von Gott hören: „Danke, dass du mich auf deine Störung hinweist! Ich kümmere mich gleich darum.“ Und dann möchten wir bitte schön gern, dass er am Ende des Tages mit einem kurzen Wink seiner Hand besagte Störung behebt.

Stattdessen gibt er uns das mysteriöse Versprechen, dass seine Kraft dann am stärksten wirkt, wenn wir schwach sind. Und weil wir in der Regel keine Ahnung haben, was das bedeutet, [...] besonders tröstlich. Jedenfalls bietet es kaum [...]raktisch umsetzen lässt.

[...] an diesem Tag diese Bibelstelle las, konnte

ich mich in Paulus hineinversetzen. Ich konnte seinen Frust förmlich spüren, weil es auch mein Frust war. Warum muss ich eigentlich Schwächen haben? Wäre ich für Gott nicht viel brauchbarer und effektiver, wenn ich perfekt wäre?

Und dann entdeckte ich etwas, das mich aufmerken ließ.

In Vers 10 schreibt Paulus: „Gerade wenn ich schwach bin, bin ich stark." Und da machte es „klick" in meinem Kopf. Ich las die Stelle noch einmal und noch einmal und noch einmal, und dabei wurde mir etwas klar. Da, direkt vor meinen Augen, waren ja Paulus' *eigene „Ich bin ..."*-Aussagen. Seine dritten Wörter.

Erkennen Sie sie?

Wenn ...
ich schwach bin
dann ...
bin ich stark.

Paulus' dritte Wörter sind *sowohl* schwach *als auch* stark.

Paulus hat die Antwort auf die Frage, ob wir schwach oder stark sein sollen. Sie lautet: *beides gleichzeitig.*

Beachten Sie, dass Paulus hier nicht sagt: „Früher war ich schwach, aber jetzt bin ich stark." Es geht weder darum, *trotz* Schwächen stark zu sein, noch darum, *nach* einer Schwäche wieder stark zu werden, sondern es geht darum, *in* den Schwächen, *durch* sie und gerade *wegen* der eigenen Schwäche stark zu sein.

Gott will nicht, dass wir unsere eigenen Schwächen bis zu dem Punkt akzeptieren, an dem wir uns in ein Leben des Scheiterns und der Niederlage fügen. Aber er will auch nicht, dass wir uns damit stressen und quälen, erst jede Schwäche durch Stärke zu ersetzen, bevor wir unsere Bestimmung annehmen.

Wir können nämlich gleichzeitig schwach und stark sein.

Und ich würde sogar noch einen Schritt weiter gehen, indem ich sage, dass unsere Schwächen zu unseren Stärken werden können.

Wer wir jetzt gerade sind – mit allen Schwächen und Stärken, allem Scheitern und Erfolgen –, ist nicht das Problem. Sondern wer wir sind, ist die Lösung. So unglaublich es scheint, könnte es doch auch sein, dass ausgerechnet die Dinge an uns, die uns selbst wahnsinnig machen, von entscheidender Bedeutung dafür sind, dass wir unser Potenzial ausschöpfen können.

Unsere Schwächen machen uns nicht unfähig und disqualifizieren uns, sondern sie qualifizieren uns sogar besonders, weil sie Zugänge sind, über die Gottes Macht in unser Leben durchdringt.

Das heißt natürlich nicht, dass wir uns nicht verändern müssen, das tun wir ja ohnehin ständig, aber es bedeutet, dass die gegenwärtige Version von uns selbst für diesen Moment ganz genau die richtige ist. Es bedeutet, dass wir aufhören können, uns abzumühen und damit abzuquälen, anders zu sein, weil unser wahres Ich selbst perfekt und unbezahlbar ist. Es ist nicht das Selbst, mit dem Gott eben vorliebnehmen muss, sondern genau das, mit dem er arbeiten möchte.

Und von diesem Ausgangspunkt aus ist dann auch Weiterentwicklung möglich.

Ich habe vor kurzem das Buch *Better Than Before* von Gretchen Rubin gelesen, in dem es darum geht, wie unser programmierter Hang zu hohen Erwartungen unsere Gewohnheiten beeinflusst. Bei der Frage, welche Neigungen wohl bei Menschen am wünschenswertesten sind, kommt sie zu folgender Erkenntnis: „Die glücklichsten und erfolgreichsten Menschen sind wohl diejenigen, die irgendwie herausgefunden haben, wie sie ihre Schwächen zu ihrem Vorteil nutzen können, und, was genau so wichtig ist, Möglichkeiten gefunden haben, ihre Schwächen auszugleichen.“[8]

Mir gefällt der Gedanke, dass nicht meine angeborenen Neigungen darüber entscheiden, ob ich mich weiterentwickeln kann, sondern die Art, wie ich mit diesen Neigungen umgehe.

Ich wiederhole noch einmal: Es geht gar nicht um Akzeptieren contra Ändern. Die Frage ist nicht entweder oder, denn irgendwie ist es beides.

Wir akzeptieren, wer wir sind, um die Person zu werden, als die wir gedacht sind. Wir akzeptieren, um zu ändern.

Wenn ich schwach bin, bin ich stark.

Je öfter ich diese Aussage las, desto aufgeregter wurde ich. Es war wie ein Generalschlüssel, durch den sich mir plötzlich viele der Dinge erschlossen, die ich über Gott gelernt hatte.

Meine Gedanken rasten zu mehreren biblischen Gestalten, mit denen ich mich in letzter Zeit beschäftigt hatte.

Personen wie Mose, der so schlimm stotterte, dass er überzeugt war, Gott absolut nicht nützen zu können, der aber am Ende einer der größten Anführer der Menschheitsgeschichte wurde.

Menschen wie Rahab und Ruth und Jeremia und Paulus selbst, die alle völlig unfähig und ungeeignet schienen, aber dennoch in ihrer Schwäche Kraft fanden.

Und dann ist da natürlich auch der Antiheld Jakob, ein Lügner und Betrüger, der am Ende eine der Schlüsselfiguren im Heilsplan Gottes für die Menschheit war.

Der Verfasser des Hebräerbriefes hatte dieses Prinzip begriffen. In Hebräer 11 zählt er die Creme de la Creme biblischer Helden auf. In mancherlei Hinsicht sind sie so beschämend fehlbar, dass man sich fragt, wer eigentlich im Auswahlkomitee für die größten Glaubenshelden gesessen hat. Und er setzt diesem Kapitel die Krone auf mit Folgendem:

Wie viel soll ich noch aufzählen? Es würde zu lange dauern, all die Geschichten über den Glauben von Gideon, Barak, Simson, Jeftah, David, Samuel und allen Propheten zu erzählen.

Durch den Glauben haben sie Königreiche bezwungen, mit Gerechtigkeit regiert und bekommen, was Gott ihnen versprochen hatte. Sie verschlossen Löwen das Maul,

löschten Feuerflammen und entkamen der tödlichen Klinge des Schwertes. *Ihre Schwäche wurde in Stärke verwandelt.* Sie wurden stark im Kampf und schlugen ganze Armeen in die Flucht. (Verse 32-34. Neues Leben. Die Bibel.)

Da ist es wieder. *Schwäche wurde in Stärke verwandelt.*

Anscheinend war der Fall Paulus kein Zufall, sondern so sieht Gottes Modus Operandi aus, sein Standardvorgehen. Das ist sozusagen seine Erkennungsmelodie.

Gott ignoriert unsere Verfehlungen und Schwächen nicht einfach, und er lässt sich durch sie auch ganz sicher nicht aufhalten, sondern er tritt ihnen entgegen und verwandelt sie in Stärken.

So groß und gut und souverän ist Gott.

Einzigartig schwach

Moment mal, denken Sie jetzt vielleicht, *willst du damit etwa sagen, dass ich gar nicht alles beheben bzw. ändern muss? Dass Gott mit meinen Sünden leben kann? Dass ich gar nichts zu unternehmen brauche, weil Gott meine Sünden auf wunderbare Weise in Stärken verwandelt?*

Ganz und gar nicht. Die Bibel ist voller Ermahnungen, uns zu ändern, aufzuhören zu sündigen und Versuchungen zu widerstehen.

Damit will ich sagen, dass uns nicht immer so eindeutig klar ist, wie wir mit Schwächen umgehen sollen. Nicht immer gibt es nur Akzeptieren oder Ändern. Es ist komplizierter und vielschichtiger, genauso, wie ja auch unsere Identität vielschichtig und kompliziert ist. Wenn wir mit konkreten Schwächen konfrontiert sind, dann müssen wir selbst herausfinden, wie wir nach Gottes Willen und Plan damit umgehen sollen.

Erstens: Manche Dinge müssen akzeptiert, zumindest aber ausgehalten werden. Sie gehen einfach nicht weg, also können wir uns auch ebenso gut daran gewöhnen, dass sie da sind. Wir müssen lernen, sie auszugleichen, und dabei auch andere um Hilfe bitten. Was wir in diesem Fall allerdings in erster Linie brauchen, ist eine gehörige Portion Demut.

Zweitens: Manche Dinge müssen sofort geändert bzw. behoben werden, weil sie *nicht* zu der Identität gehören, die wir von Gott bekommen haben. Sie sind Eindringlinge und Störenfriede. Sie schaden uns oder anderen, und Gott möchte uns dabei helfen, sie sofort zu beseitigen.

Drittens: Dann gibt es noch Dinge, die auch geändert werden müssen ... aber nach und nach. Wir können diesen Prozess sofort beginnen, doch es kann Jahre dauern, bis er abgeschlossen ist. Wir müssen also Geduld aufbringen und auch hier wieder – viel Demut.

In manchen Fällen ist leicht zu sagen, in welche dieser drei Rubriken unsere Reaktion auf einen bestimmten Fehler, eine Schwäche oder ein Versagen gehört, besonders, wenn diese Schwäche ganz offensichtlich eine Sünde ist. Wir brauchen zum Beispiel nicht darüber zu beten, ob Mord, Ehebruch oder Lügen in den nächsten dreißig Jahren ein Teil unseres Lebens sein sollen. All das definiert die Bibel nämlich klar und eindeutig als Sünde, und jetzt, da wir Gott kennen, schenkt er uns die Kraft, anders zu leben.

Bei den meisten unserer Schwächen ist die Einordnung aber nicht so trennscharf möglich. Meistens ist es eine Sache von Ausmaß und Zusammenhang.

Nehmen wir beispielsweise einmal an, Sie sind ein eher introvertierter Mensch. Muss sich das ändern? Ist das eine Schwäche?

Das ist nicht pauschal zu beantworten. Gott möchte nicht, dass wir in Angst leben, und manchmal ist eine innere Zurückgezogenheit oder ausgeprägte Schüchternheit ja die Folge von Angst. Wenn Ihr Leben also dermaßen von Angst beherrscht wird, dann ist sie wahrscheinlich eine Schwäche, von der Gott möchte, dass Sie sie überwinden.

Und wenn die Angst Sie so stark einschränkt, dass Sie nicht dem Willen Gottes für Ihr Leben folgen, oder wenn Sie durch Ihr Schweigen anderen schaden, dann können Sie schon davon ausgehen, dass es eine Sünde ist und dass Gott Sie davon befreien möchte.

Doch selbst wenn Sie Ihre Angst besiegen könnten und der selbstsicherste, mutigste Mensch wären, würde wohl jemals ein extrovertierter Mensch aus Ihnen werden? Wahrscheinlich eher nicht. Wahrscheinlich sind Sie als Persönlichkeit einfach nicht so gedacht.

Introvertiertheit ist ja auch ein wunderschönes Persönlichkeitsmerkmal, und an sich betrachtet ist sie eine *Stärke* und keine Schwäche. Wenn Sie Ihr Leben lang versuchen, ein extrovertierter Mensch zu werden, obwohl Gott Sie introvertiert geschaffen hat, ist das genauso eine Verzerrung wie von Angst hervorgerufene In-sich-Gekehrtheit.

Also, liebe theoretisch introvertierte Persönlichkeit, Sie müssen selbst entscheiden, wie Sie damit umgehen sollen, indem Sie – mit Gottes Hilfe – herausfinden, ob Sie sich von Grund auf, moderat oder gar nicht ändern sollen.

Ich will Ihnen noch ein Beispiel geben: Vielleicht wären Sie gern spontaner. Sie bewundern es, wie gesellige und unternehmungslustige Menschen Erinnerungen schaffen mit ihren Lieben, weil sie bereit und in der Lage sind, auch mal von ihrem Plan abzuweichen. Sie beneiden solche Menschen um ihre Offenheit und Flexibilität, aber sollten Sie ihnen wirklich nacheifern, wenn Sie von Ihrer Persönlichkeit her eher Struktur brauchen und gern planen?

Vielleicht könnten Sie ein paar unterschiedliche Herangehensweisen ausprobieren. Seien Sie doch ruhig einmal ein bisschen wilder und verrückter und entscheiden Sie, was wirklich geplant werden muss, was übertrieben spontan wäre und wo ein ungesundes Kontrollbedürfnis anfängt. Das bedeutet allerdings nicht, dass Sie sozusagen in Geiselhaft einer Erwartung von Spontaneität leben, die der Art, wie Sie nun mal „gestrickt" sind, diametral entgegengesetzt ist. Das würde Ihnen nur die Kraft rauben, die Sie brauchen, um Freude an all den Dingen zu haben, die Sie so brillant planen.

Merken Sie jetzt, inwiefern es sich hier um einen ganz individuellen Prozess handelt? Ihre Schwächen sind genauso einzigartig wie Ihre Stärken. Und als solche müssen sie auch respektiert werden.

Oswald Chambers sagt: „Schrankenlose Stärke ist in Wirklichkeit eine doppelte Schwäche."[9]

Aber ist uns eigentlich klar, dass eine missverstandene Schwäche auch eine eingebüßte Stärke sein kann?

Es lohnt sich, sich einmal die Zeit zu nehmen, Ihre eigenen dritten Wörter ehrlich und demütig etwas genauer zu untersuchen im Licht der Kraft Gottes, die in Ihnen wirkt. Entschuldigen Sie Ihre Sünde nicht vorschnell, aber etikettieren Sie Ihre kleinen Macken auch nicht vorschnell als Fehler und Sünde, um dann sofort zu versuchen, sie loszuwerden.

Der Schlüssel bei einer solchen Bestandsaufnahme besteht darin, zu wissen, wer Sie für Gott sind. Wenn Sie immer mehr erfahren, wie er Ihr wahres Ich sieht, dann werden Sie auch immer besser wissen, wie Sie auf Ihre ganz einzigartigen Bedürfnisse und Probleme reagieren sollen.

Aber wie werten Sie Ihre Schwächen aus? Wie bekommen Sie heraus, ob Sie sich auf einem bestimmten Gebiet weiterentwickeln sollen? Hier ein paar Fragen, die Ihnen vielleicht helfen können, dabei zu einer Entscheidung zu gelangen.

Wird in der Bibel meine Schwäche als Sünde bezeichnet?

Wenn ja, dann möchte Gott Ihnen helfen, daran zu arbeiten. Sünde gehört nicht zu Ihrem wahren Ich, sondern ist etwas Fremdes, ein Parasit. Weil Sünde nicht Teil der Persönlichkeit ist, als die Sie eigentlich gedacht sind, können Sie sich mit Gottes Hilfe verändern. Das kann jedoch, wie gesagt, auch manchmal eine Weile dauern. Geben Sie also nicht zu schnell auf. Widerstehen Sie der Versuchung, und verlassen Sie sich während dieses Prozesses weiterhin auf Gottes Gnade.

Ich möchte an dieser Stelle aber auch noch einmal betonen, dass das Auftreten von Sünde Sie nicht automatisch unfähig macht, den Plan Gottes für Ihr Leben zu verfolgen. Wäre es so, dann wären wir alle hoffnungslos unfähig, denn wir sündigen ja alle. Gott segnet uns trotz unserer Sünden, und er ist so souverän und gut, dass er selbst unsere Fehler noch zu seiner Verherrlichung einsetzen kann.

Andererseits ist es aber auch so, dass, wenn Ihre Schwäche nicht eindeutig eine Sünde ist, Sie sich ja vielleicht gar nicht so sehr zu beeilen brauchen, sie loszuwerden. Ihr erster Schritt sollte dann darin bestehen, herauszufinden, ob Gott möchte, dass Sie sich in diesem Punkt ändern, oder ob Sie sich einfach so annehmen sollen, wie Sie sind, um sich so zu erlauben, in Ihrer Schwäche stark zu sein.

Möchte ich diese Schwäche überwinden oder mich auf diesem Gebiet weiterentwickeln?

Gott sagt, dass er uns „das Wollen und das Vollbringen" schenken will, seinen Willen zu tun (Philipper 2,13, Luther). Wenn Sie das tiefe Verlangen haben, etwas Bestimmtes zu tun oder zu sein oder sich irgendwie zu verändern, dann ist die Wahrscheinlichkeit groß, dass dieses Verlangen von Gott kommt. In diesem Fall wird er Ihnen wahrscheinlich auch helfen, das Verlangen zu erfüllen – selbst wenn Sie das zunächst kaum glauben können. Ihre Sehnsüchte und Ihr Verlangen sind natürlich nicht unfehlbar, aber wenn Sie mit Gott unterwegs sind, dann werden Sie oft intuitiv wissen, was das Beste für Ihr Leben ist. Vielleicht müssen Sie da ein bisschen mehr Vertrauen in sich selbst (und in Gott in Ihnen) haben.

Habe ich die Gunst, mich zu ändern?

Gunst ist die übernatürliche und unverdiente Kraft Gottes in unserem Leben. Normalerweise kann man recht schnell sagen, ob man die Gunst hat, sich in bestimmten Bereichen seines Lebens weiterzuentwickeln oder zu verändern, weil dann Dinge einfach ineinandergreifen. Sie setzen Zeit und Kraft für etwas ein, und Gott segnet es. Es fühlt sich natürlich, richtig und erfüllend an. Das Leben als Christ ist übrigens auch nicht so gedacht, dass man das Gefühl hat, es unmöglich schaffen zu können. Gott hat gesagt, dass sein Joch leicht und seine Last nicht schwer zu tragen ist (vgl. Matthäus 11,30).

Was sagen andere Leute über meine Stärken und Schwächen?

Was anderen Leuten an Ihnen auffällt, kann höchst aufschlussreich sein. Entscheidend ist dabei allerdings, wessen Meinung Sie sich anhören. Sie brauchen Menschen in Ihrem Leben, die Sie verstehen, mit denen Sie sich auseinandersetzen können, die Sie herausfordern und Ihnen Mut machen. Wenn Sie solche Menschen finden, dann hören Sie sich an, was sie in Ihnen sehen. Vielleicht sind Sie überrascht, wie wenige Ihrer Schwächen andere stören und wie offensichtlich Ihre Stärken sind.

Manchmal müssen unsere dritten Wörter neu geeicht werden, indem wir andere in unserem Umfeld um ihre Einschätzung bitten.

Die Antonyme des Autors

Normalerweise gehen wir davon aus, dass, wenn Gott unsere dritten Wörter durch andere ersetzen wollte, er das mit Begriffen tun würde, die das genaue Gegenteil der bisherigen aussagen.

Ich bin erschöpft könnte zu *ich bin energiegeladen* werden.

Ich bin verletzt könnte zu *ich bin geheilt* werden.

Ich sitze in der Falle könnte zu *ich bin frei* werden.

Manchmal ist es auch tatsächlich so. Aber wenn Sie sich die Bibel anschauen, dann werden Sie feststellen, dass Gottes Gegenteil oft ganz anders aussieht als unseres.

Gott ist subtiler, raffinierter und wesentlich effektiver.

Wenn wir unser Leben an Gott ausliefern und ihm nachfolgen, dann macht er auf geistlicher Ebene ein neues Geschöpf aus uns, aber das heißt nicht, dass er unsere Persönlichkeit beiseiteschiebt oder sogar auslöscht. Er wirft nicht alles über den Haufen und baut von Grund auf neu, sondern er arbeitet anscheinend lieber mit dem, was schon da ist. Schließlich kommt das ursprüngliche Material ja auch von ihm, muss also ziemlich gut sein.

Indem er sein drittes Wort über unseres legt, bringt er unsere wahre Identität zum Vorschein.

Erinnern Sie sich noch an die geheimen Decoder, die es früher manchmal als Beigabe in Cornflakes-Packungen gab? Das waren kleine Rähmchen oder Brillen aus Pappe mit einem Stück rotem durchsichtigem Zelluloid darin. Die Idee dahinter war, dass man durch diesen Filter bestimmte Bilder erkennen konnte, die ohne ihn nicht zu sehen waren. Wenn man aber den Hintergrund mit dem roten Filter ausfilterte, erschienen geheime Botschaften.

Als Kind habe ich meine Mutter immer angebettelt, diese Cornflakesmarke zu kaufen, und zwar nicht, weil ich sie besonders gern mochte, und ganz sicher auch nicht wegen ihres Nährwertes, sondern weil ich unbedingt diese Filter haben wollte. Ich wollte wissen, welche Botschaft auf der Rückseite der Schachtel stand.

Ein bisschen so ist es auch, wenn Gott seine dritten Wörter über unsere legt. Plötzlich ergibt das, was uns wie Unsinn vorkam, einen Sinn. Das Unlogische wird verständlich. Wir sehen uns selbst anders, weil wir mit den Augen Gottes sehen. Und die Botschaften, die wir von Gott bekommen, sind sehr viel wesentlicher als die von der Cornflakesschachtel.

Manchmal flehen wir Gott an, unsere Fehler, Schwächen und Unzulänglichkeiten durch das Gegenteil zu ersetzen. Doch Gott gibt uns lieber seine dritten Wörter, und wenn wir durch diesen Filter unser Leben anschauen, dann verändert sich alles.

Ich möchte Ihnen dafür ein paar Beispiele geben.

Das vielleicht offenkundigste Wort, das Sie in Ihrem Inneren hören, lautet: *Ich versage.* Natürlich kann es auch sein, dass Sie dafür anschaulichere Begriffe verwenden, wie beispielsweise: *Ich bin ein Loser. Ich bin eine totale Katastrophe. Ich sitze fest in meinem Leben.* Aber letztlich haben sie alle die Bedeutung von Versagen.

Jetzt nehmen Sie doch einfach einmal an, dass Gott einen Erfolg aus Ihnen machen will. Erfolg ist ja genau das Gegenteil von Versagen; wenn also Versagen das Problem ist, dann muss doch Erfolg die Lösung sein, oder?

Aber vielleicht hat Gott ja einen anderen Plan.

Wenn wir uns wie Versager fühlen, dann ist das dritte Wort von Gott für uns oft Folgendes: *Ich bin ... mitten in einer Entwicklung.* Das plustert das Ego zwar nicht so sehr auf wie *Ich bin ... erfolgreich*, ist aber sehr viel realistischer. Und bei genauerem Hinsehen ist es auch überzeugender.

Erfolg ist eher flüchtig, oberflächlich und launenhaft. Niemand ist immer und überall erfolgreich. Wenn also Ihre Identität auf Ihren eigenen Bemühungen beruht, dann müssen Sie sich auf sehr viel Selbstzweifel und Leid gefasst machen.

Sie versagen nicht, sondern Sie entwickeln sich. Und Sie sind kein/e Versager/in, sondern eine Person, die sich kontinuierlich weiterentwickelt. Ja, Ihr Versagen ist real, aber es ist nicht das Ende, und es kann sich sogar positiv auf Ihre Zukunft auswirken. Definieren Sie sich doch statt über Ihr Versagen lieber darüber, was Gott aus Ihrem Versagen alles machen kann. Das ist ein sehr viel gesünderer und positiverer Ansatz im Leben.

Und noch ein weiteres drittes Wort: *Ich bin ... unwürdig.* Das war das dritte Wort, mit dem mein Bruder Max so zu kämpfen hatte.

Das theologische Gegenteil davon ist: *Ich bin ... würdig.* Aber in unserer Kultur wird das fast immer gleichgesetzt mit *„Ich ... habe es verdient"*. Doch wie wir ja bereits festgestellt haben, kann man sich Gottes Liebe, seine Vergebung und seinen Segen nicht verdienen.

Doch was ist denn dann Gottes Gegenteil von *unwürdig*? Da könnte man wahrscheinlich einiges aufzählen, aber hier kommt einer meiner Lieblinge: *Ich bin angenommen.*

Wenn Sie meinen, dass Sie es selbst schaffen müssen, unwürdig in *würdig* zu ändern, dann werden Sie für den Rest Ihres Lebens mit dem Kopf gegen eine selbst errichtete Wand rennen, ohne Ihrem Ziel näher zu kommen. Wenn Sie aber begreifen, dass die Annahme durch Gott Ihre Unwürdigkeit aufhebt, dann haben Sie auf der Stelle Frieden.

Ihre Sünden und Unzulänglichkeiten trennen Sie nicht mehr von Gott, weil er Sie durch Ihren Glauben an Jesus Christus annimmt. Sie sind durch Jesus – nicht durch Ihre eigene Leistung – schon im Voraus angenommen und würdig.

Vielleicht machen Sie auch weiterhin Fehler, möglicherweise auch wieder die gleichen – und es wird immer schwerer, wieder zu Gott zurückzukehren, weil Ihnen jedes Mal, wenn Sie den gleichen Fehler wieder machen, bewusst wird, wie oft Sie schon versprochen haben, sich zu ändern ... es aber nicht geschafft haben. Ihr Optimismus und Ihre Motivation haben einen Tiefpunkt erreicht.

Aber Sie sollten lieber aufhören, sich auf Ihre Unwürdigkeit zu konzentrieren, und stattdessen auf Gottes Annahme schauen. Danken Sie ihm dafür, dass er Sie bedingungslos liebt und genau da auf Sie zukommt, wo Sie so bedürftig und in Not sind. Erkennen Sie seine unverdiente Gunst in Ihrem Leben, und dann stehen Sie wieder auf, und versuchen Sie es noch einmal.

Der Feind feiert nicht dann den größten Sieg, wenn er es schafft, Sie zur Sünde zu verführen, sondern dann, wenn Sie aus dem Blick verlieren, dass Sie von Gott angenommen sind. Wenn der Feind Ihnen einreden kann, dass es von Ihrem Verhalten abhängt, ob Sie vor Gott gerecht sind und eine Beziehung zu ihm haben, dann stecken Sie in einer Abwärtsspirale der Beschämung.

Akzeptieren Sie doch, dass Sie letztlich unwürdig sind, statt den Versuch zu unternehmen, es zu bestreiten, aber dann ersetzen Sie die Unwürdigkeit durch Gottes Annahme.

Vielleicht ist Ihr drittes Wort ja auch: *Ich bin ... voller Angst.* Was ist das Gegenteil davon? Vielleicht mutig oder tapfer?

Das sind positive Dinge, aber hier kommt noch ein Gegenteil, an das Sie dabei vielleicht gar nicht gedacht haben: *Liebe.*

Versuchen Sie einmal zu sagen: *Ich bin ... voller Liebe* statt *Ich bin voller Angst.* Mit einem anderen Fokus verändert sich alles. Je mehr Sie sich auf andere konzentrieren statt auf sich selbst, desto mehr wird Ihre Angst in den Hintergrund treten. Was Sie fühlen, ist vielleicht Angst, aber Gott hat Sie sich als Menschen gedacht, der voller Liebe ist.

Wir haben jetzt also drei negative dritte Wörter aufgezählt und ein paar Möglichkeiten, sie durch andere zu ersetzen, aber diese Wörter sind erst der Anfang. Wir haben alle unsere persönlichen Kämpfe und Mühen, aber Gott hat für jeden Kampf und jede Mühe den perfekten Gegenentwurf.

Es ist nicht meine Absicht und auch nicht meine Aufgabe, Ihnen das dritte Wort zu sagen, das Gott Ihnen zugedacht hat. Das ist eine persönliche Sache zwischen Ihnen und Gott. Doch Folgendes möchte ich Ihnen sagen: Halten Sie die Augen offen für Gottes überraschende Gegenteile.

Das Leben ist ein Weg voller Entdeckungen und Veränderungen, ein Weg, auf dem wir lernen sollen, mehr auf die dritten Wörter von Gott als auf unsere eigenen zu hören, ein Weg, auf dem wir lernen sollen, wie wir uns ehrlich und im Glauben unseren eigenen Fehlern stellen können.

Vielleicht fühlen Sie sich gar nicht qualifiziert, diesen Weg zu beginnen. An manchen Punkten fühlt sich wohl jeder unqualifiziert, das zu tun, wozu uns Gott berufen hat, aber das ist völlig in Ordnung. Es ist sogar wünschenswert und vielleicht auch ganz wichtig, denn Gott wirkt besonders gern durch unfähige Menschen.

Doch man kann Gottes Kraft erst dann erfahren, wenn man es lernt, seine Hab-Acht-Haltung aufzugeben. Unsere Demut öffnet die Tür, durch die aus Ihren Schwächen Stärken werden können, wie wir im nächsten Kapitel sehen werden.

SIEBEN

Die Geheimwaffe des Himmels

Wenn es um Schwächen geht, pendeln wir zwischen zwei Extremen hin und her, die ihre Ursache beide in Unsicherheit haben: Entweder suhlen wir uns in unseren Schwächen, oder wir tun so, als gäbe es sie nicht.

Das erste Extrem haben wir schon im Zusammenhang mit unserer Identität und unserem dritten Wort erörtert. Auf den folgenden Seiten werden wir uns noch etwas genauer damit befassen. Das Problem beim „Weh mir!“-Ansatz in Bezug auf Schwächen besteht darin, dass wir uns anmaßen, die Berufung Gottes für unser Leben in Frage zu stellen, denn im Grunde ernennen wir uns selbst zu Beurteilern. Und, wie wir ja bereits festgestellt haben, ist es mit unserer Selbsteinschätzung oft nicht weit her.

Aber manchmal täuschen wir uns auch genau in die entgegengesetzte Richtung: Wir tun so, als wären unsere Schwächen gar nicht vorhanden, und versuchen, unsere Fehler vor Gott, anderen und sogar vor uns selbst zu verbergen. Das Problem dabei ist nur, dass Gott uns nicht helfen kann, wenn wir unsere Bedürftigkeit nicht eingestehen. Größe wird aus Demut geboren und nicht aus Leugnung. Schwächen werden zu Stärken, wenn sie angenommen, nicht, wenn sie ignoriert werden.

Manchmal nehmen wir an – oder vielleicht hat man es uns auch beigebracht –, dass ein Mensch, der Gott liebt, sich nie mit weniger als Perfektion zufriedengeben darf. Nach dieser Überzeugung müssen wir als Christen permanent positive Gedanken, positive Überzeugungen und positives Verhalten haben.

Ich bin absolut für alles Positive, aber genauso absolut bin ich gegen Unehrlichkeit, auch sich selbst gegenüber.

Wenn wir unsere Fehler eingestehen, dann ist das nicht Zweifel, Angst oder mangelnder Glaube, sondern es ist sogar das sicherste Zeichen dafür, dass wir Glauben haben. Es bedeutet nämlich, dass wir unser Vertrauen auf Gott und nicht auf uns selbst setzen. Es bedeutet, dass wir uns so sicher sind in dem, *wer er ist*, dass wir zugeben können, *wer und was wir alles nicht sind.*

Wenn wir andererseits leugnen, dass wir Hilfe brauchen, statt aus unserer Schwäche Stärke werden zu lassen, wird aus unserer Stärke Schwäche. Wollen wir aber unbedingt an der Illusion festhalten, dass wir alles unter Kontrolle haben, dann schneiden wir uns selbst von der Hilfe ab, die wir brauchen.

Ich habe vor kurzem versucht, Tennisspielen zu lernen – als neues Hobby. Vor der ersten Trainerstunde war ich ziemlich nervös, und das, was der Trainer als Erstes sagte, trug nicht gerade zu meiner Beruhigung bei. Er sagte: „Also, dann lass uns erst mal schauen, worauf wir aufbauen können. Was kannst du denn schon?"

Ich antwortete ihm, dass ich absolut keine Ahnung hätte, woraufhin er meinte, das sei ihm am liebsten. Ich war irritiert, aber er erklärte mir dann, dass ständig Leute zu ihm kämen, die gerade genug von Tennis verstünden, dass sie unmöglich zu trainieren seien. Sie wollten seiner neuen Technik nicht trauen, weil sie schon an ihre eigene gewöhnt seien, und versuchten, dem Trainer zu zeigen, was sie schon alles könnten, statt zu lernen, was er ihnen beizubringen habe.

„Mit solchen wie dir arbeite ich am liebsten", sagte er.

Ich frage mich, ob nicht die Menschen, mit denen Jesus am liebsten arbeitet, die sind, die sagen: „Ich habe keine Ahnung, was ich hier eigentlich mache, Gott, aber wenn du mir beibringst, was du über mich, über das Leben, über meinen beruflichen Werdegang und über meine Entscheidungen weißt, dann werde ich das tun."

Dass aus unserer Schwäche Stärke werden kann, wird oft durch unseren Stolz verhindert. Vielleicht ist es uns manchmal einfach peinlich, andere oder Gott um Hilfe zu bitten, weil wir das Gefühl haben, wir müssten eigentlich viel reifer und fähiger sein. Wir wissen, dass Gott uns dazu berufen hat, bestimmte Dinge zu tun, aber die Tatsache, dass uns dabei ständig unsere Schwächen in die Quere kommen, ist einfach demütigend. *Vielleicht verliert Gott bald die Geduld mit mir,* denkt man. *Denn ich verliere sie ja selbst schon.*

Doch Gott verliert nicht die Geduld, und er schätzt Sie wahrscheinlich auch völlig anders ein als Sie sich selbst.

Haben Sie in der Bibel schon einmal die Geschichte gelesen, wie Gott einen Mann namens Gideon dazu beruft, die Israeliten von ihren Unterdrückern, den Midianitern, zu befreien? Die Geschichte steht in Richter 6.

Als Gott Gideon findet, ist der nicht mit kriegerischen Heldentaten beschäftigt, sondern versteckt sich gerade vor dem Feind. Und trotzdem begrüßt Gott ihn mit einer positiven, aufbauenden Aussage: „Der Herr steht dir bei, du starker Kämpfer“ (V. 12).

Starker Kämpfer?

Verständlicherweise reagiert Gideon darauf ein wenig sarkastisch. „Ach, wirklich? Wenn du bei uns bist, wieso hassen wir dann unser Leben gerade?“ Nur für den Fall, dass Sie es nicht gemerkt haben: Das ist meine Formulierung.

Aber Gott ignoriert Gideons Sarkasmus. „Geh mit der Kraft, die du hast, und rette Israel vor den Midianitern. Ich sende dich aus!“ (V. 14), sagt er. Ich mag besonders den Teil, wo es heißt: „Mit der Kraft, die du hast“. Gott erwartet von Gideon gar keine Superkräfte. Er tadelt ihn nicht für seinen Mangel an Mut, obwohl Gideon sich in einer Weinkelterkammer versteckt hält, während Gott mit ihm spricht.

Dieses Mal antwortet Gideon nicht mehr ganz so sarkastisch: „‚Aber mein Herr‘, sagt er, ‚womit kann ich Israel retten? Meine Sippe ist die schwächste im ganzen Stamm Manasse, und ich bin der Jüngste in meiner Familie!‘“ (Vers 15.)

Gideon versucht nicht, seine Schwäche vor Gott zu verbergen. Er ist absolut offen und ehrlich und sagt: „Ich bin schwach, ich bin der Geringste. Und ich bin für das hier einfach nicht geschaffen, weil ich keine Ahnung von alldem habe.“ Das sind seine dritten Worte und seine Gedanken über sich selbst, aber das stört Gott nicht im Geringsten, denn er antwortet: „Ich werde mit dir sein. Du wirst Midian vernichten, als wäre es nur ein einziger Mann“ (Vers 16, Neues Leben. Die Bibel).

Kommt es nur mir so vor, oder klingt das ganz ähnlich wie die Szene mit Mose und dem brennenden Dornbusch?

Im Laufe der folgenden Kapitel scheint Gott fest entschlossen zu beweisen, dass Gideons Schwäche keine Rolle spielt. Er verkleinert sogar Gideons Armee noch von 32000 Mann auf 300, nur, um die Sache noch ein bisschen interessanter zu machen. Und dann benutzt Gott 300 Krieger, um einem riesigen Heer eine vernichtende Niederlage zuzufügen. Die Spartaner gab es übrigens schon lange vor Hollywood.

Nicht ein einziges Mal wirkt Gott in dieser ganzen Geschichte frustriert über Gideons mangelnde Fähigkeiten oder Kräfte. Er verlangt nicht von Gideon, dass er sich mit seinem eigenen Verstand und eigenen Mitteln und Möglichkeiten um die Einzelheiten kümmert, sondern im Gegenteil. Nach und nach bekommt Gideon immer mehr den Mut und den Charakter des Gottes, der ihn berufen hat. Gideons Ausflüchte ändern Gottes Meinung nicht, sondern dadurch, dass Gott Gideon befähigt, hören Gideons Ausflüchte auf.

In dieser Geschichte wird Gideon nicht berühmt durch seinen Führungsstil, seine Fähigkeit zu motivieren oder sein militärisches Können – obwohl sich auch das alles in seinem Leben stetig weiterentwickelt –, sondern durch seinen Glauben, so langsam der sich auch entwickelt. Letztlich ist Gideon bereit, Gott zu glauben und zu gehorchen.

Und genau das wünscht sich Gott auch von uns. Keine unglaubliche Kraft. Die hat Gott ja selbst schon. Er wünscht sich nur, dass wir einfach glauben. Er möchte, dass wir bereit sind zu gehorchen, weil wir ihm glauben und vertrauen.

Jahrhunderte später macht einer der Führer Israels die gleiche Erfahrung. Sein Name ist Salomo. Am Abend seiner Krönung erscheint Gott ihm und sagt, dass er sich wünschen kann, was immer er möchte.

Salomos Antwort ist unglaublich ehrlich:

Herr, mein Gott, nun hast du deinen Diener anstelle meines Vaters David zum König gemacht. Aber ich bin im Grunde noch ein Kind, das nicht weiß, was es tun soll.

Hier stehe ich inmitten deines erwählten Volkes, das so groß ist, dass niemand es mehr zählen kann! Schenk deinem Diener ein gehorsames Herz, damit ich dein Volk gut regiere und den Unterschied zwischen Gut und Böse erkenne. Denn wer könnte dieses große Volk, das dir gehört, regieren? (1. Könige 3,7-9, Luther.)

Und wie reagiert Gott darauf? Tadelt er Salomo für seine Führungsschwäche, dafür, dass er sich „nur ein Kind" nennt? *Nur* ist nämlich ein drittes Wort, das Könige tunlichst vermeiden sollten, wenn sie über sich selbst reden, denn ein König soll eigentlich alles haben. Salomo hätte Gott seine strategische Vision für das Volk Israel mitteilen und ihn dann bitten sollen, seine Pläne für Sieg, Entwicklung und Erfolg zu segnen. Das hätte doch ein richtiger König getan, oder?

Im nächsten Vers erfahren wir, was Gott von Salomos Ehrlichkeit hält:

„Dem Herrn gefiel Salomos Antwort" (Vers 10). Gott ist begeistert, dass Salomo seine eigenen Grenzen kennt, aber auch weiß, wo er Hilfe bekommen kann. Und als Belohnung dafür schenkt Gott Salomo nicht nur Weisheit, sondern zusätzlich noch Reichtum, Einfluss und Macht.

Salomo wird hier mit den Fähigkeiten konfrontiert, die ihm fehlen, aber statt sich vor den Tatsachen zu verstecken oder überfordert zu reagieren, tut er genau das, was nötig ist. Er wendet sich an Gott und bittet ihn, das auszugleichen, was ihm selbst fehlt.

Und das tut Gott dann auch, und zwar auf eine Weise, wie Salomo es sich niemals hätte vorstellen, geschweige denn selbst schaffen können.

Das Gleiche möchte Gott auch mit unseren Schwächen tun. Aber um seine Hilfe zu bekommen, müssen wir eingestehen, dass wir sie brauchen. Wir müssen im Glauben unsere Schwächen zu Gott bringen, und zwar ohne Selbstverdammung, Verzweiflung oder Scham.

Durch Schwäche gewinnen

Die Vorstellung, durch Schwäche etwas zu gewinnen, erscheint in unserer westlich geprägten Kultur ziemlich gewöhnlich, vielleicht sogar unbiblisch, je nachdem, wie man unterschiedliche Themen betrachtet. Die Vorstellung, dass unsere Schwäche etwas Positives für uns haben könnte, ist ein Schlag ins Gesicht unserer „Selbsthilfe-Do-it-Yourself-Finde-dich-nie-mit-einem-Nein-ab-Kultur". Es klingt geradezu ketzerisch, zumindest aber pessimistisch.

Aber das ist es nicht. Im Gegenteil.

Ich spreche mich ganz und gar nicht fürs Aufgeben aus, sondern sage, dass wir lernen müssen, unsere Schwächen für uns arbeiten zu lassen. Wenn wir wirklich glauben, dass Gott die Kontrolle über unser Leben hat, dann werden wir auch in jedem Angriff nach einem Vorteil Ausschau halten und lernen, in dem, was wie eine Schwäche aussieht, Stärke zu erkennen.

Das ist Josefs Schlussfolgerung in 1. Mose 50 nach Jahren – und mehreren Kapiteln – Achterbahn-Lebensumständen. Wenn jemand das Recht gehabt hätte, erschöpft und abgestumpft zu sein durch die Entbehrungen und Verluste, die er erlebt hatte, dann war es dieser Mann. Von seinen eigenen Brüdern gekidnappt und dann als Sklave verkauft, von seinem Vater für tot gehalten, fälschlich vor Gericht gestellt und zu Unrecht verurteilt von seinem Sklavenhalter und von seinen Freunden vergessen, fand er sich in einem absolut ungeschützten und dadurch verletzlichen Zustand wieder. Für den ungeübten Blick war er ein Gefangener der Schwäche.

Aber nach einer Weile kam er dann durch eine Reihe glücklicher Umstände und Fügungen aus dem Gefängnis frei, und von da aus auf direktem Weg in den Palast. Erst fast völlig in Vergessenheit geraten und jetzt beinah mit einer Generalvollmacht ausgestattet.

Von Schwäche zu Stärke.

Und als die Brüder, die ihn verraten hatten, bei ihm auftauchten, um ihn anzubetteln – welch Ironie –, da hatte Josef die Demut und innere Reife, zu merken, was los war.

Er fand die Kraft, das zu tun, was vielleicht wie Schwäche aussah, indem er mit seinen Brüdern weinte und ihnen vergab.

Und Gott benutzte Josef, um dessen Brüder zu retten.

Aus seiner Schwäche wurde Stärke.

Er ließ nicht zu, dass aus seiner Stärke Schwäche wurde.

Wenn Josef nie in einen solchen Zustand der Verletzlichkeit und Schwäche geraten wäre, ob er dann wohl das Mitgefühl und die Weisheit gehabt und die Chance bekommen hätte, die

Weltgeschichte zu verändern und dabei auch noch seine Familie wiederherzustellen?

In Römer 8,28 ist das so formuliert: „Das eine aber wissen wir: Wer Gott liebt, dem dient alles, was geschieht, zum Guten. Dies gilt für alle, die Gott nach seinem Plan und Willen zum neuen Leben erwählt hat." (Hoffnung für alle.)

Dieses Versprechen hält die Anhänger von Jesus seit Jahrtausenden aufrecht, und es gilt heute noch ganz genauso wie an dem Tag, als es niedergeschrieben wurde. Wir können damit rechnen, dass unsere Schwächen zur Verherrlichung Gottes und zu unserem Besten eingesetzt werden.

Aber wie können Schwäche und Stärke denn ganz praktisch nebeneinander bestehen? Wie kann aus Schwäche Stärke werden, und wie kann Gottes Stärke in unserer Schwäche vollkommen werden?

Ich behaupte nicht, dass ich jede Nuance des Handelns Gottes verstehe, deshalb werde ich jetzt nicht versuchen, jede mögliche Art, wie Gott unsere Schwäche in Stärke verwandeln kann, zu skizzieren und zu analysieren. Aber hier ein paar Gedanken, die vielleicht dabei helfen können, Ihr Versagen und Scheitern in einem positiveren Licht zu sehen.

Zuallererst: Wenn Sie noch nie gelitten oder zu kämpfen gehabt haben, wie sollten Sie dann die Kraft entwickelt haben, die Sie brauchen, um den Segen auszuhalten, den Gott in Ihr Leben bringen will?

Gott lässt auch deshalb Schwäche in unserem Leben zu, um einen Hintergrund zu schaffen, vor dem seine Stärke deutlich wird. Paulus sagt: „Diesen kostbaren Schatz tragen wir in uns, obwohl wir nur zerbrechliche Gefäße sind. So wird jeder erkennen, dass die außerordentliche Kraft, die in uns wirkt, von Gott kommt und nicht von uns selbst“ (2. Korinther 4,7).

Gott möchte nicht, dass die Verpackung vom Inhalt ablenkt. Er setzt unsere Schwäche als Kontrast zu seiner Kraft ein, und das hilft uns, daran zu denken, dass das, was wirklich wichtig ist, innen ist. Und was innen ist, kommt von ihm und nicht von uns.

Ob es uns gefällt oder nicht, unser Scheitern und Versagen helfen uns dabei, geerdet, im Gleichgewicht und intakt zu bleiben.

Sie sind wie die Geschwindigkeitsdrosselungstechnologien, die in Fahrzeuge von Golfcarts über Mofas bis hin zu NASCAR-Bolliden eingebaut sind.

Fahrzeughersteller wissen Bescheid über unsere Liebe zum Adrenalin, und deshalb ist ihnen klar, dass es notwendig ist, die Höchstgeschwindigkeiten ihrer Fahrzeuge zu drosseln. Deshalb haben sie eine Vorrichtung erfunden, die sich Drehzahlregler nennt und einzig die Funktion hat, die Kraftstoffzufuhr genau dann zu drosseln, wenn es spannend wird.

Aber nicht nur auf der Straße, sondern auch im Leben können wir zu schnell unterwegs sein, indem wir uns beispielsweise zu viele Aktivitäten aufhalsen, zu viel Verantwortung übernehmen, zu viele Beziehungen haben, zu viel zu regeln haben und sogar zu viel in der Gemeinde mitarbeiten. Wir können uns so schnell entwickeln, dass wir mit dem, was wir haben, nicht mehr fertigwerden.

Und früher oder später fahren wir dann ein Auto zu Schrott, und es kommen dabei vielleicht sogar Menschen zu Schaden.

Ich will damit nicht sagen, dass Gott absichtlich unsere Fortschritte sabotiert, aber ich sage auch nicht, dass es immer der Teufel ist, der uns bremst. Ich bin davon überzeugt, dass Gott gewisse Beschränkungen zulässt, weil er weiß, wozu wir bereit sind und wann wir so weit sind. Durch Einschränkungen bekommen wir sowohl Zeit als auch Anstöße, uns so zu entwickeln, dass wir mit den Möglichkeiten, für die er sorgen will, auch umgehen können.

Wenn man die Biografien von Menschen liest, die diese Welt verändert haben – von Nelson Mandela bis hin zu Steve Jobs –, dann gibt es fast immer eine „Exilphase". Das heißt, diese Leute haben fast immer auch ein vermeintliches Scheitern erlebt, durch das sie aber letztlich überhaupt erst in die Lage versetzt wurden, ihr Ziel zu erreichen. Die Phasen, die am unproduktivsten scheinen, sind letztlich oft die wichtigsten. Durch das, was in unserem Inneren passiert, werden wir auf das vorbereitet, was mit uns und durch uns passieren kann.

Statt uns zu überlegen, wie wir am Auto herumschrauben und den Drehzahlregler außer Kraft setzen können, brauchen wir manchmal einfach nur zu bremsen. Das ist sicher nicht so sexy und vielleicht auch nicht unbedingt beglückend, aber es ist nachhaltiger und letztlich auch wirkungsvoller.

Ich habe mir sagen lassen, dass man beim Golfspielen den Schläger langsamer schwingen muss, wenn der Abschlag besonders weit werden soll.

Das klingt widersinnig, und genau diese Art von Ratschlägen ist auch der Grund, weshalb man mich nie auf einem Golfplatz sehen wird. Aber es kann auch ein guter Rat für Pläne und Ziele sein. Bremsen Sie Ihren Schwung ab. Stürzen Sie sich nicht immer so schnell und intensiv wie möglich auf jede Chance.

Statt gegen unsere Grenzen zu wüten, sollten wir lernen, auf sie einzugehen, dankbar für sie zu sein, und uns in unserer Entwicklung und bei unseren Entscheidungen von ihnen leiten lassen. Wir sollten im Blick behalten, worum es geht, und damit in Kontakt treten.

Durch Versagen näher rücken

Unsere Einschränkungen und unser Scheitern und Versagen helfen uns außerdem dabei, mit Gott in Verbindung zu bleiben und näher an ihn heranzurücken. Sie erinnern uns daran, dass wir ihn brauchen, dass er unser Ursprung und die Antwort auf unsere Fragen und unser Sehnen ist.

Wenn in unserem Leben alles gut läuft, geschieht es leicht, dass wir uns ablenken lassen und glauben, Erfolg wäre alles. Wir fangen an, Erfolg, Wohlstand, Einfluss und geistlichen Ämtern nachzujagen.

An alldem ist an sich auch gar nichts auszusetzen, aber diese Dinge sind nicht als Lebensziele gedacht, sondern sie sind Nebenprodukte der Entwicklung unserer Beziehung zu Jesus. Das heißt, sie sollen sich in unserem Leben automatisch einstellen, wenn wir Gott nachfolgen.

Unsere Einschränkungen erinnern uns viel mehr als unsere Fähigkeiten daran, zur Quelle unserer Kraft zurückzukehren. Sie holen uns zurück zu Gott, zurück in die Abhängigkeit und die Beziehung zu ihm.

Zu den größten Problemen kommt es dann, wenn wir glauben, dass Gott böse auf uns wird, wenn wir Fehler machen, dass er enttäuscht ist, wenn wir es wagen, Schwäche zu zeigen, dass er angewidert ist von unserer Sünde oder dass unsere Schwächen der Beweis für sein Missfallen über uns sind.

Wenn das unser Bild von Gott ist, dann werden uns unsere Schwächen nicht zu ihm hinziehen, sondern von ihm wegtreiben in eine Existenz hinein, die von der Vorstellung der Verdammung, von Schuldgefühlen, von Gesetzlichkeit und wahrscheinlich Groll beherrscht ist. Und am Ende wollen wir uns irgendwie selbst optimieren, unsere Fehler und Mängel beheben und beweisen, dass wir Gottes würdig sind. Oder wir geben lieber gleich ganz auf, weil es hoffnungslos scheint.

Doch wie ich ja bereits ausgeführt habe, macht Gott unsere Schwäche weit weniger aus als uns selbst. Er weiß viel besser als wir selbst, wie damit umzugehen ist, und er hat sogar vor, sie zu unseren Gunsten zu nutzen.

Wenn uns das klar wird, dann können wir uns Gott annähern. Dann können wir ihn als Vertrauten betrachten, als Erlöser und auch irgendwie als Mitverschwörer. Selbst wenn wir es vermasseln. Selbst wenn wir uns schämen. Selbst wenn wir schwach sind.

Wahrscheinlich haben Sie auch schon mal den Begriff des „Fail Forward" gehört. Er bedeutet so viel wie, durch Fehler und Scheitern weiterzukommen, indem wir es als Chance nutzen, zu lernen und uns weiterzuentwickeln. Lassen Sie Ihre Fehler für sich arbeiten.

Aber was noch wichtiger ist: Lassen Sie sich durch Ihre Fehler und Ihr Versagen noch näher zu Gott ziehen. „Fail closer" – näher zu Gott, in größere Abhängigkeit von ihm, zu mehr Glauben.

Die Vorgeschichte ist wichtig

Ein weiterer Nutzen von Schwäche besteht darin, dass sie uns hilft, uns in andere hineinzuversetzen. Oft entstehen ja unsere intensivsten und authentischsten Beziehungen durch gemeinsame Schwächen.

Welche Anteilnahme hätte man denn jemandem zu bieten, der gerade großes persönliches Leid erlebt, wenn man keine Ahnung hätte, was er/sie gerade durchmacht, weil man es gar nicht nachempfinden könnte. Unsere eigenen schweren Prüfungen verleihen uns doch die nötige Glaubwürdigkeit, wenn wir jemandem, der gerade Leid erfährt, sagen: „Ich weiß, was du durchmachst, weil ich es auch erlebt habe. Und deshalb stehen wir das jetzt gemeinsam durch." Echtes Einfühlungsvermögen ist ein Geschenk, das stärken kann, das man aber nur verschenken kann, wenn man etwas durchlebt hat, bei dem die eigene Schwäche zum Vorschein gekommen ist.

Auf wen hören Sie am ehesten, wenn Sie in Not sind? Auf intellektuelle Besserwisser? Oder auf Menschen, die Erfahrungen gemacht und ihr Leben gelebt und deshalb etwas zu sagen haben?

Den größten Einfluss und am meisten zu sagen haben wir oft in unserem tiefsten Leid und in tiefer Zerbrochenheit. Unsere Bildung, unsere Redegewandtheit und unsere Intelligenz sind zwar hilfreich, aber nicht annähernd so beziehungsfördernd wie unsere Schwächen. Wir berühren Menschen um uns her am meisten durch gemeinsames Leid und unser gemeinsames Menschsein.

Mir ist natürlich klar, dass wir nicht jedem in allen Einzelheiten unsere Schwächen offenbaren sollten. Das Ziel ist nicht, mit unseren Schwächen hausieren zu gehen. Aber wenn wir es lernen, uns vor Gott und den richtigen, vertrauenswürdigen Menschen verletzlich zu machen, dann werden wir merken, dass jede Schwäche, die richtig und gut verarbeitet wird, auch eine verborgene Stärke enthält.

Denken Sie an das letzte Mal, als Sie vor einer Freundin oder einem Freund geweint haben. Es hat sich vielleicht unbehaglich angefühlt und war möglicherweise sogar ein bisschen peinlich, aber ich wette, dass dieser Moment der Verletzlichkeit mehr dazu beigetragen hat, das Herz dieser Person zu gewinnen, als jede andere gemeinsame Erfahrung, die Sie gemacht haben.

Schwäche hat etwas Entwaffnendes, etwas, das Herzen öffnet. Schwäche macht die Misstrauischen weicher und gewinnt die Zuneigung der Gleichgültigen.

Wenn wir es wagen, schwach zu sein, ist das ein Signal für die Menschen in unserem Umfeld, dass sie keine Angst vor uns zu haben brauchen, uns aber auch nicht auf einen Sockel stellen müssen. Wir sind „eine/r von ihnen“, und als solche dürfen wir in ihr Leben hineinsprechen.

Jemand hat einmal gesagt, dass die beiden wichtigsten Worte, die Menschen im Leid brauchen, nicht *du solltest*, sondern *ich auch* lauten.

Das Paradebeispiel dafür ist Jesus. Er ist als Baby zu den Menschen auf diese Welt gekommen, und das bedeutet etwas, denn Säuglinge sind die wohl hilflosesten Geschöpfe auf dieser Welt.

Hinzu kam noch, dass Jesu Mutter ein unverheirateter Teenager war und sein Vater ein einfacher Handwerker. Sie kamen aus Nazareth, einem verschlafenen Nest, das als Zielscheibe des Spotts bekannt war. Der Hintergrund, vor dem Jesus aufwuchs, war also alles andere als königlich – geschweige denn göttlich.

Nach 30 Jahren nicht weiter dokumentierten ganz normalen Menschseins begann er seinen Dienst, der nur dreieinhalb Jahre dauerte.

Wenn man also nachrechnet, kommt dabei heraus, dass Jesus 85 Prozent seines Lebens völlig im Verborgenen verbracht hat.

Die Bibel legt großen Wert darauf, die menschliche Schwachheit von Jesus im Laufe seines Dienstes hervorzuheben. Natürlich hat Jesus ohne Sünde gelebt, aber er hat Hunger gehabt und Durst, er kannte Zorn, Traurigkeit, Tragik, Verrat, Kritik, Versuchung, Verfolgung und schließlich den Tod aus persönlicher Erfahrung.

Und was ist mit der Vorgeschichte? Haben Sie sich das jemals gefragt? War es wirklich nötig, dass er das Säuglingsalter, eine Sauberkeitserziehung und die Pubertät durchmachen musste? Musste es sein, dass er auf dieser Erde leben und so lange ihr Leid ertragen musste? Wieso konnte er nicht einfach auftauchen wie Thor, der als muskelbepackter Held vom Himmel herabkam, um die Menschheit zu retten?

Im Hebräerbrief ist nachzulesen, wieso Jesus so ... schwach war.

Denn wir haben nicht einen Hohenpriester, der nicht könnte mit leiden mit unserer Schwachheit, sondern der versucht worden ist in allem wie wir, doch ohne Sünde.

Darum lasst uns freimütig hinzutreten zu dem Thron der

Gnade, auf dass wir Barmherzigkeit empfangen und Gnade finden und so Hilfe erfahren zur rechten Zeit.

(4,15-16, Luther)

Das heißt, dass wir zwar durch Jesu Gerechtigkeit gerettet sind, aber es ist sein Menschsein, das uns zu ihm hinzieht. Das ist es, was die Kluft zwischen Gott und Menschen überbrückt.

Die Person Jesu ist das *„Ich auch“* Gottes.

Paulus hat das perfekt formuliert mit den Worten:

Denn wenn er auch gekreuzigt wurde in Schwachheit, so lebt er doch aus Gottes Kraft. Und wenn wir auch schwach sind in ihm, so werden wir doch mit ihm leben aus der Kraft Gottes für euch.

(2. Korinther 13,4, Luther)

In Jesus ist unsere Schwäche die Geheimwaffe des Himmels.

Acht

Sich verändernde Veränderung

Als Holly und ich unser erstes Kind bekamen, Elijah, mussten wir viel lernen.

Achtung, das ist die Untertreibung des Jahrhunderts.

Ich musste nämlich *alles* lernen.

Ich erinnere mich noch genau, wie viele Ängste ich während Hollys Schwangerschaft hatte. Was, wenn etwas schiefgeht? Darf sie das essen? Kann sich spontan das Geschlecht des Kindes im Mutterleib ändern, wenn sie Rauch einatmet? Jemand raucht in ihrer Gegenwart. Darf ich ihn auch als einfacher Bürger verhaften? Die Litanei an Ängsten und Sorgen in Bezug auf dieses Neue und Unbekannte war endlos.

Direkt nach Elijahs Geburt erwähnte eine der Schwestern einen Apgar-Test.

Ein Test? Ich wusste nichts davon, dass ein Test durchgeführt werden sollte. Das Kind hatte doch gerade erst das Licht der Welt erblickt, und da sollte es schon jetzt einem Test unterzogen werden? Man erklärte mir daraufhin, dass seine Vitalität anhand seiner Hautfärbung, seiner Herzfrequenz und einiger Reflexe mit Hilfe eines standardisierten Verfahrens überprüft würde.

Als die Sache erledigt war, fragte ich: „Und? Wie hat er abgeschnitten?“

Antwort: „Mr. Furtick, Ihr Baby ist kerngesund."

Mein Gefühl daraufhin lässt sich zusammenfassen mit „Mission erfüllt".

Ich erinnere mich noch genau, wie unendlich erleichtert ich war. *Jetzt brauche ich mir keine Sorgen mehr um das Baby zu machen. Wir haben es geschafft. Ich meine natürlich, Holly hat es geschafft. Aber das Wichtigste ist, dass wir uns jetzt keine Sorgen mehr zu machen brauchen.*

Da war mir noch nicht klar, dass das, was ich für die Siegerehrung gehalten hatte, erst der Startschuss war und ich gerade in eine neue Realität voller Windelkatastrophen, Buggynotfälle, Schlafentzug und endlosen Möglichkeiten der Panik eintrat.

Wir nahmen Elijah aus dem Krankenhaus mit nach Hause, und nach ein paar Tagen machten wir den ersten Spaziergang zu dritt in unserer Wohngegend. Nach einer Weile bemerkte ich, dass irgendwelche Insekten um seinen Kopf herumschwirrten, und geriet auf der Stelle in Panik. Ich klemmte mir den Kleinen wie einen Fußball unter den Arm und rannte nach Hause, weil ich nicht zulassen konnte, dass irgendwelche Insekten auf dem Kopf meines Sohnes landeten. Holly lachte mich dafür zwar aus, aber das war mir egal. Ich wollte schließlich nicht, dass mein Kind West-Nil-Fieber bekam.

Bitte beachten Sie, dass Elijah unser erstes Kind war. Inzwischen haben wir drei. Beim dritten war dann alles schon ganz anders. „Ach, Abbey, das sind doch nur Insekten. Mach ruhig weiter. Spiel mit ihnen, und schluck sie von mir aus auch hinunter. Die sind auf jeden Fall eiweißreich."

Beim ersten Kind gehören unnötige Ängste wahrscheinlich einfach dazu.

Ein paar Tage nach der Insekten-Kamikazeaktion waren wir zu Hause, Elijah lag in seiner Wiege und sollte eigentlich schlafen, aber stattdessen schrie er ununterbrochen. Das war in seinem gesamten ersten Lebensjahr übrigens sein ganz normales Verhaltensmuster. Wir hörten es übers Babyfon, aber wir warteten immer erst eine Weile ab, um zu sehen, ob er sich nicht von selbst beruhigte.

Dann knisterte es im Babyfon ein bisschen, und das Schreien hörte auf. Zuerst war ich erleichtert über die Stille, aber dann kam die Sorge. *Ist er eingeschlafen? Oder ist er gestorben? Vielleicht erstickt er gerade. Vielleicht ist er in Not, aber kann es nicht sagen, und ich sitze hier und bin erleichtert, dass er endlich ruhig ist.*

Ich erinnere mich, wie ich zum Kinderzimmer raste, wo er natürlich tief und fest schlief – jedenfalls bis ich ins Zimmer gestürmt kam.

Irgendwann sagte ich zu Holly: „Ich hatte diese völlig bescheuerte Männervorstellung vom Kinderhaben. Ich habe gedacht, die Sorgen würden aufhören, wenn das Kind erst mal da ist, aber langsam bekomme ich das Gefühl, dass dies erst der Anfang eines ganzen Lebens ist."

Daraufhin entgegnete Holly etwas sehr Grundlegendes: „Ja, das glaube ich auch. Gott das Leben unserer Kinder anzuvertrauen ist ein lebenslanger Prozess, der mit der Zeit immer schwieriger wird."

Ich wusste, dass sie recht hatte. Klar kann ich meine Kinder jetzt noch vor irgendwelchen Insekten schützen, aber irgendwann sind sie groß und gehen aufs College. Dann kann ich sie mir nicht mehr unter den Arm klemmen und sie vor blöden Klassenkameraden oder schlechten Autofahrern retten.

Eines habe ich jedenfalls gelernt. Es ist ganz einfach, zu heiraten und davon zu träumen, Kinder zu bekommen. Aber tatsächlich „Kinder zu haben" ist kein Ziel auf der Löffelliste (der Liste von Dingen, die man unbedingt noch tun oder erleben möchte, bevor man den Löffel abgibt), das man irgendwann abhaken kann. Es ist keine Leistung oder ein Projekt, das irgendwann abgeschlossen und fertig ist und bei dem man sich selbst auf die Schulter klopft und dann weitermacht.

„Kinder zu haben" ist kein einmaliges Ereignis, kein Projekt, sondern es ist ein Prozess.

Der Prozess, Kinder zu haben, sagt viel aus über das Wesen Gottes. Überlegen Sie doch einmal, welchen Sinn eigentlich Kleinkinder haben! Wieso hat Gott sich Teenager ausgedacht? Stellen Sie sich nur mal vor, wie viel weiter die ganze Zivilisation wäre, wenn wir nicht die ersten achtzehn Jahre unseres Lebens mit Trockenwerden, Pickeln, Pubertät und Abschlussbällen vergeuden müssten? Gott hätte uns doch auch als fertige Erwachsene erschaffen können. Wir hätten doch auch mit etwa 40 ins Leben eintreten können. Das ist doch eigentlich ein ganz schöner Punkt im Laufe des Lebens, oder? Dann sind wir nicht mehr ganz so ahnungslos, leiden aber auch noch nicht unter Arthritis.

Doch stattdessen setzt Gott uns in einem Zustand absoluter Hilflosigkeit und Abhängigkeit in diese Welt. Warum das so ist? Weil er ein Gott der Prozesse ist.

Und dasselbe gilt auch für unseren geistlichen Weg. Wenn wir unser Leben Jesus übergeben, dann ist das nicht die Ziellinie oder gar die Siegerehrung. Es bedeutet nicht, dass wir von diesem Augenblick an genauso reden und handeln wie Jesus.

Das klingt vielleicht selbstverständlich, aber ich begegne immer wieder Menschen, die nach ihrer Bekehrung damit rechnen, dass sie jetzt mit einem S auf der Brust aus der Telefonzelle kommen.

Zwei meiner Lieblingsbibelverse sind Kolosser 2,6-7: „Ihr habt Jesus Christus als euren Herrn angenommen; nun lebt auch in der Gemeinschaft mit ihm. Wie ein Baum in der Erde, so sollt ihr in Christus fest verwurzelt bleiben, und nur er soll das Fundament eures Lebens sein. Haltet fest an dem Glauben, den man euch lehrte. Für das, was Gott euch geschenkt hat, könnt ihr ihm gar nicht genug danken." (Hoffnung für Alle)

Das heißt, wir nehmen Jesus zu einem bestimmten Zeitpunkt als Herrn an, aber das ist dann nicht das Ende der Geschichte, sondern jetzt sollen wir unseren Weg mit ihm fortsetzen, sollen mit ihm und durch ihn leben. Wir sollen fest in ihm verwurzelt sein, aufgebaut und in unserem Glauben an ihn gestärkt werden.

Manchmal machen wir uns Sorgen darüber, dass wir uns nicht schnell genug verändern. Wir schauen unser Versagen und unsere Schwächen an, werden immer frustrierter und fragen uns: Wieso verändern wir uns bloß nicht schneller zum Besseren? Wären wir dann nicht viel nützlicher für Gott? Wären wir nicht viel besser in der Lage, ihm nachzufolgen und ihm zu dienen?

Doch wenn es darum geht, uns heil zu machen, dann hat Gott seinen ganz eigenen Zeitplan.

Projekt oder Prozess

Das hören wir nicht so gern, weil wir in einer projektorientierten Kultur leben. Wir lieben Ziele, Vorsätze und Entschlüsse, und wir lieben Resultate. Das muss auch gar nicht unbedingt falsch sein.

Ich lebe praktisch für den Kick, den es bringt, Dinge zu Ende zu bringen und etwas zu schaffen. Es bereitet mir ein echtes Hochgefühl, etwas von meiner To-do-Liste abzuhaken. Manchmal schreibe ich Dinge, die ich ungeplant erledigt habe, sogar noch nachträglich auf meine Liste, einfach wegen des herrlichen Gefühls beim Abhaken. Was denn? Tun Sie das nicht?

Schon mein Leben lang hat das manchmal positive und manchmal negative Auswirkungen auf mich. Manchmal hilft es mir, einfach bis zum Schluss am Ball zu bleiben und durchzuziehen. Aber manchmal ist es auch so, dass ich überlege, etwas anzufangen, was eine Weile dauern könnte, oder ich bin mitten in einer Sache, bei der das Ende nicht abzusehen ist, und merke selbst, dass ich irgendwann wie gelähmt bin. Wenn ich bei einer Sache nicht weiß, wie lange sie dauert, und wenn ich beim Tun keine erkennbaren Fortschritte feststelle, dann geht mir ziemlich schnell die Motivation verloren.

Bisher ist es in diesem Buch um unsere Identität gegangen. Wir haben uns unsere „dritten Wörter" nach dem *„Ich bin"* angeschaut, uns mit unseren Stärken und Schwächen beschäftigt und mit dem widersprüchlichen Zwiespalt, dass wir uns akzeptieren müssen, wie wir sind, während wir die Person werden, als die uns Gott gedacht hat.

Für all das gibt es ein Wort: *Prozess.*

Christ zu sein ist nicht die Ziellinie, ist keine Leistung, die wir erbracht haben, sondern es ist einfach die Beziehung zu Jesus. Es ist Entwicklung und Veränderung, es ist Akzeptieren und Ändern, es ist das Hören auf die Stimme Gottes und gleichzeitig das Leben als der Mensch, als den er uns gedacht hat.

Es ist ein Prozess, der den Rest unseres Lebens weitergehen wird.

Jesus nachzufolgen ist eine andauernde, immer im Werden begriffene Erfahrung, und je eher wir das begreifen und akzeptieren, desto mehr Freude wird uns der Weg machen.

Veränderung ist überbewertet

Es ist leicht gesagt, dass wir während dieses Prozesses geduldig sein müssen, und es ist einfach, über den Nutzen von Schwächen zu reden und die Tugend der Selbstannahme zu preisen.

Aber ich glaube, letztlich wissen wir alle, weshalb wir es so eilig damit haben, uns zu ändern:

Fehler *tun weh.* Sie sind schmerzlich, peinlich und nicht schön.

Das ist das Wesen von Fehlern, und ich glaube, es ist die größte Motivation für Veränderung.

Ich weiß aber auch, dass aus geistlicher Sicht unsere größte Motivation für Veränderung die sein sollte, Gott gefallen zu wollen.

Auf einer idealistischen Ebene ist das wahr und nobel, und wenn Sie so leben, dann haben Sie meine volle Bewunderung.

Doch wenn wir ehrlich sind, dann verändern sich die meisten Menschen erst dann, wenn ihnen nichts anderes mehr übrig bleibt und sie dazu gezwungen sind. Wenn der Frust über den Istzustand den Höhepunkt erreicht hat. Wenn keine Hose im Schrank mehr passt. Wenn wir uns selbst so ausgepowert haben, dass wir mit unserer Gesundheit und unseren Beziehungen dafür bezahlen. Oder wenn wir uns durch unsere Probleme so sehr in eine Isolation hineinmanövriert haben, dass wir wieder zu uns kommen. Dieses Vorgehen wird auch als *Lernen auf die harte Tour* bezeichnet und ist eine typisch menschliche Verhaltensweise.

Manchmal interpretieren wir den Schmerz, den unsere Fehler nach sich ziehen, als Strafe Gottes. Aber das sehe ich anders. Ich glaube, der Schmerz, der durch unsere Fehler hervorgerufen wird, kann sogar ein Geschenk sein, weil er uns hilft, unser Potenzial zur Veränderung zu erkennen.

Was glauben Sie, wieso Gott überhaupt möchte, dass wir uns verändern?

Es geht ihm dabei mehr um uns als um ihn selbst. Und es stimmt zwar, dass Gott von uns verherrlicht werden möchte und dass wir ihm immer ähnlicher werden sollen, aber er ist kein unberechenbarer Tyrann. Er hat es nicht nötig, dass wir seinem Maßstab der Vollkommenheit gerecht werden, damit er sich als Gott stark und gut fühlt.

Gott weiß, dass bestimmte Dinge uns das Leben aussaugen, Dinge, die uns selbst und den Menschen in unserem Umfeld schaden und auch unserer Beziehung zu ihm.

Er bezeichnet diese Dinge als Sünde, und er macht uns fähig, sie nicht zu tun.

Nur, um es noch einmal klarzustellen, Gott fordert uns nicht auf, uns zu ändern, weil es ihn stärken oder verbessern würde.

Es ist nicht zu seinem Wohl und Nutzen, sondern zu unserem eigenen, wenn wir unser Leben auf die Reihe bekommen.

Wenn er uns zu Gehorsam und einem heiligen Lebenswandel auffordert, dann dient das unserem eigenen Wohl und dem der Menschen in unserem Umfeld.

Wir sind uns wohl alle darüber einig, dass Sünde unser Leben durcheinanderbringt und kompliziert macht. Sie bewirkt, dass wir keinen festen Boden mehr unter den Füßen haben, das Gesicht verlieren und insgesamt schlecht wegkommen. Fehler sind – jedenfalls nach unserer Definition – etwas Negatives.

Da ist es kein Wunder, dass wir so intensiv bemüht sind, sie zu beheben und auszumerzen. Wir fassen am Neujahrstag gute Vorsätze, melden uns im Fitnessstudio an, bilden uns weiter und lesen kluge Ratgeber.

Wir sind überzeugt, dass ein Leben ohne Scheitern und Versagen nur eben um die Ecke liegt, und wenn wir es nur wirklich wollen, es wirklich versuchen, wenn wir uns genügend anstrengen, wenn wir fleißig genug lernen und uns lange genug abmühen, dann werden wir es schaffen. Wir werden unsere Schwächen überwinden und endlich glücklich sein.

Aber das passiert nie.

Damit meine ich nicht, dass wir uns nie verbessern. Natürlich tun wir das. Das ist ja einer der Vorteile des Menschseins. Wir haben ein gewaltiges Maß an Kontrolle darüber, wer wir werden und was wir schaffen. Aber wir kommen fast nie an das Ziel, das wir uns vorgestellt haben. Wir strengen uns an und machen Fortschritte, und kurzfristig ist das auch bereichernd und vermittelt das Gefühl, dass es sich gelohnt hat, aber dann gibt es schon wieder etwas Neues, das es zu erreichen gilt.

Und oft machen uns die Ergebnisse unserer Selbstoptimierung noch nicht einmal so glücklich, wie wir gehofft haben.

Die Ironie an alldem ist, dass uns umso deutlicher wird, was noch alles zu tun bleibt, je mehr wir uns selbst verbessern. Das ist das Paradox der Perfektion. Das Paradies scheint so nah, aber es bleibt immer irgendwie am Horizont, bringt uns in Versuchung und verhöhnt uns. Also verschreiben wir uns der Selbstoptimierung und fragen uns dann Jahre später, wieso wir immer noch nicht glücklich sind.

Klar sollen wir versuchen, die bestmögliche Version unserer selbst zu werden, aber uns muss auch klar sein, dass Selbstoptimierung an sich noch nicht glücklich macht. Weniger Scheitern und Versagen bedeutet nicht automatisch ein befriedigenderes Leben.

Warum das so ist? Weil unsere Schwächen gar nicht unbedingt der Grund dafür sein müssen, dass wir unglücklich sind. Und deshalb ist Perfektion auch nicht die Lösung.

Veränderung ist gut. Veränderung ist notwendig. Veränderung ist unumgänglich.

Aber Veränderung um der Veränderung willen ist überbewertet.

Ich benutze keine Zahnseide

Es ist überbewertet, weil das Leben mehr ist als Selbsthilfe und Selbstoptimierung. Es gibt etwas sehr viel Grundlegenderes, Dauerhafteres und Erfüllenderes, nämlich eine neue Dimension in unserer Beziehung zu Gott zu entdecken. Das ist nicht unbedingt etwas, das man auf einer Liste abhaken kann, aber es gibt all dem, was auf der Liste steht, überhaupt erst einen Sinn. Unsere Beziehung zu Gott darf nicht in erster Linie ein Mittel sein, um zu bekommen, was wir wollen. Wenn wir die Prioritäten richtig setzen, dann werden unsere Ziele ein Mittel, um Jesus näher zu kommen. Und ob wir unser Ziel nun erreichen oder nicht, wenn wir es lernen, uns mehr auf Gott zu verlassen, dann erreichen wir damit das Endziel.

Jesus zu kennen ist das Einzige, was uns vollständig und wirklich ganz zufrieden machen kann. Wir sind mit dem Bedürfnis geschaffen, Gott zu kennen, und wenn wir uns ihm zuwenden, dann finden wir die Quelle dauerhafter Erfüllung.

Veränderung kann vorübergehend zufriedenstellen, aber Beziehung schenkt dauerhafte Befriedigung.

Und genau darum geht es in diesem Prozess, bei ihm zu sein. „Nun lebt auch in Gemeinschaft mit ihm", heißt es in Kolosser 2,6.

Wir können den christlichen Glauben nicht auf ein Selbsthilfeprogramm reduzieren. Jesus hat nicht am Kreuz sein Blut vergossen und ist gestorben, damit wir uns selbst optimieren. Er hat nicht unsere Schuld auf sich genommen, damit wir jetzt herumsitzen und uns gegenseitig zur Perfektion kritisieren.

Haben Sie schon einmal beobachtet, wie Affen im Zoo sich gegenseitig Ungeziefer aus dem Fell sammeln? Das ist gleichzeitig ekelig und rührend, aber in erster Linie ist es ekelig.

Manchmal machen wir Christen genau das Gleiche. Wir meinen offenbar, es wäre eine von Gott gegebene Berufung und höchst christliche gute Tat, an uns selbst und anderen herumzumäkeln, und es wäre unsere Aufgabe, unsere Lupen und Pinzetten zu zücken und auch jede noch so winzige Spur unseres sündigen Wesens auszumerzen.

Und während wir damit beschäftigt sind, braucht die Welt um uns her verzweifelt die Liebe und Gnade Gottes. Die Menschen haben Hunger nach dem, was wir haben, aber wir sind durch unsere Luxussünden der Industrienationen – zum Beispiel Probleme mit Jähzorn, Stolz und Pornosucht – so mutlos geworden, dass wir diesen Hunger gar nicht mehr bemerken. Wir glauben, wir müssten perfekt sein, bevor wir etwas bewirken können, aber das werden wir auf dieser Erde nicht mehr erleben. Und wenn doch, dann wären wir wahrscheinlich unerträglich arrogant und nicht mehr beziehungsfähig.

Wir stecken in dem gleichen Prozess wie jeder Heilige und jeder Sünder, und das ist völlig in Ordnung und sogar hilfreich. Lassen Sie sich von Gott einsetzen, egal, in welcher Phase dieses Prozesses Sie sich gerade befinden.

Und um Missverständnissen vorzubeugen, sage ich immer und immer wieder: Ich verharmlose und entschuldige Sünde nicht. Natürlich sollte es immer unser Wunsch und Ziel sein, uns zu verbessern und auch anderen zum Segen zu werden, aber Selbstoptimierung ist kein Selbstzweck und auch nicht das Ziel der menschlichen Existenz. Nein, dieses Ziel ist die Beziehung zu Gott und der Weg mit ihm. Das Ziel ist es, Gott zu kennen, ihm nachzufolgen, auf ihn zu hören und ihm zu gehorchen. Dazu sind wir Menschen geschaffen und nicht dazu, uns gegenseitig die Läuse aus dem Pelz zu klauben oder anderen – und uns selbst – den Splitter aus dem Auge zu ziehen.

Wenn wir in den Himmel kommen, dann ist Sünde kein Problem mehr, aber unsere Beziehung zu Gott geht in Ewigkeit weiter. Wir sollten deshalb nicht aus dem Blick verlieren, was in unseren Selbstverbesserungsversuchen von Ewigkeitswert ist und was nur vorübergehend.

Mir ist klar, dass das, was ich hier sage, vielleicht erschreckend klingt, weil wir ja gerade als Christen übertrieben viel Zeit damit verbringen, unsere Fehler zu analysieren und sie zu beheben. Wir denken ja oft, dass, wenn wir unseren Todesgriff in Bezug auf einen heiligen Lebenswandel lockern, wir sofort in die Sünde abrutschen.

Aber je länger ich Jesus nachfolge, desto klarer wird mir, dass sein Umgang mit unserem Leben sehr viel sicherer ist. Er ist der Urheber und Vollender. Er schenkt das Wollen und auch einen Weg, auf dem es praktisch umsetzbar wird. Er ergreift die Initiative. Er übernimmt die Führung. Er sorgt für die Kraft zur Veränderung.

Gott hat einen Zeitplan für unser Leben, und die Wahrscheinlichkeit, dass es ein anderer Zeitplan ist als unser eigener, ist groß. Vielleicht stehen die dritten Wörter, die uns selbst in den Wahnsinn treiben, auf seiner Prioritätenliste gar nicht so weit oben wie auf unserer eigenen. Vielleicht meinen wir, dass wir uns gar nicht verändern, weil in den Top Ten auf unserer Prioritätenliste keine große Veränderung zu erkennen ist.

Dabei erleben wir vielleicht in jedem Moment grundlegende Veränderung – oft, ohne es überhaupt zu merken –, und wenn wir dann irgendwann zurückblicken, stellen wir fest, dass Gott die ganze Zeit erstaunliche Dinge getan hat.

Der Grund, weshalb ich eine solche Leidenschaft entwickle, wenn es darum geht, einen realistischen Blick für Veränderung zu entwickeln, ist der, dass das Gegenteil – nämlich zu glauben, dass wir alles sofort und perfekt in Ordnung bringen müssen – kontraproduktiv und nur deprimierend ist. Es macht zynisch und hoffnungslos und untergräbt dadurch genau die Ziele, die erreicht werden sollen.

Ich bin vor kurzem bei einer neuen Zahnärztin gewesen.

Als sie sich vorstellte, sagte ich: „Ich sage Ihnen gleich von vornherein, dass ich der schlimmste Patient sein werde, den Sie je hatten, weil ich zwischen dem Termin heute und dem nächsten nichts von all dem tun werde, was Sie mir empfehlen."

Sie lachte, obwohl das, was ich gesagt hatte, gar kein Scherz war.

„Ich komme in sechs Monaten wieder", fuhr ich fort, „Aber bis dahin werde ich keine Zahnseide benutzen. Ich habe einen Retainer und werde mich nicht damit abquälen, die Zahnseide immer darum herum zu fädeln. Ich habe es versucht, aber es ist einfach nur nervig. Sie können mir also gerne Zahnseide mitgeben, aber die wird höchstwahrscheinlich nicht einmal diese Praxis verlassen, weil ich sie in den Mülleimer im Empfangsbereich werfe.

Und wo wir schon mal so ehrlich sind, ich putze mir nicht dreimal am Tag die Zähne, sondern mindestens einmal und an guten Tagen auch zweimal. Mehr ist nicht drin.

Ich muss eigentlich nachts eine Knirsch-Schiene tragen, und wenn ich so weitermache, habe ich wahrscheinlich mit vierzig keine Zähne mehr. Ich habe die Knirsch-Schiene aber das letzte Mal an dem Tag getragen, als ich sie bekommen habe, weil ich nicht richtig Luft kriege, wenn ich sie trage. Und nachts nicht richtig Luft zu kriegen, ist nicht so mein Ding. Deshalb trage ich sie nicht."

Die arme Frau. Für Patienten wie mich sollte sie ein höheres Honorar fordern dürfen.

Als Pastor bekomme ich von Menschen im Gottesdienst manchmal Blicke zugeworfen, die mich an meine Haltung der Zahnärztin gegenüber erinnern.

„Ich hab's versucht, hat aber bei mir nicht funktioniert. Ich höre dir zwar zu, aber ich werde nichts tun von dem, was du sagst."

Ich verstehe das. Wirklich. Ob es sich um Zahnpflegegewohnheiten handelt oder um unser Leben mit Gott, wir stoßen alle immer wieder auf das gleiche Problem. *Wir haben es schon versucht.*

Wir haben versucht, uns zu ändern. Wir haben versucht, es besser zu machen. Wir hatten große Hoffnungen und Erwartungen und auch den Glauben, dass alles besser werden würde, aber das war nicht der Fall, und deshalb sind wir ein bisschen zynisch geworden. Wieso sollen wir uns weiter verbindlich auf etwas einlassen, das ja offenbar doch zu nichts führt?

Weiter Runden drehen

Als ich mit sechzehn Jahren mein Leben Jesus übergab, dachte ich, damit sei das Projekt abgeschlossen. In der Bibel las ich, dass Jesus am Kreuz gesagt hat: „Es ist vollbracht" (Johannes 19,30), und Paulus schreibt: „Gehört also jemand zu Christus, so ist er ein neuer Mensch" (2. Korinther 5,17, Hoffnung für alle).

Cool, dachte ich also. *Von jetzt an werde ich keine lüsternen*

Gedanken mehr haben, wenn ich ein tolles Mädchen sehe, und nicht in Versuchung geraten.

Und dann ging ein Mädchen aus einer Cheerleader-Truppe an mir vorbei ... Ich war seit nicht einmal 24 Stunden ein Kind Gottes, und *boom*, da waren sie wieder, die lüsternen Gedanken, nur, dass ich jetzt wusste, dass solche Gedanken nicht richtig waren und ich mich deshalb richtig mies fühlte. Trotzdem waren sie da, und ich verstand nicht, wieso. Das war echt deprimierend.

Ich bin sicher, Sie kennen diesen Frust ebenfalls, wenn auch wahrscheinlich auf einem viel kultivierteren Niveau. Sie haben ja zum Beispiel vielleicht schon Epheser 5 gelesen, wo es darum geht, wie man als Ehemann seine Frau lieben soll. Sie denken: Okay. *Ich soll meine Frau lieben wie Christus die Gemeinde* und gehen nach Hause und spülen das Geschirr. Doch Ihre Frau scheint davon völlig unbeeindruckt, sagt nicht einmal Danke und hat auch nicht direkt auf dem Küchentisch Sex mit Ihnen.

Daraufhin denken Sie: *Ich hab's probiert. Ich habe sie so geliebt, wie es da steht, aber es hat nicht funktioniert.*

Bitte vergessen Sie nicht, dass es sich hier um einen Prozess handelt. Wenn Sie monatelang innerlich abwesend gewesen sind und jeden Abend nach dem Essen nur auf Ihr Handy gestarrt haben, dann macht einmal Geschirrspülen das wahrscheinlich nicht wett.

Oder noch ein Beispiel: Jemand hat Ihnen irgendwann einmal richtig wehgetan, und Sie haben gedacht, Sie hätten dieser Person mittlerweile vergeben. Doch dann erfahren Sie, dass diese Person befördert worden ist, und Sie merken, wie sehr Sie sich darüber ärgern – ein sicheres Zeichen, dass Sie tief in Ihrem Inneren insgeheim gehofft haben, dass die Person bezahlen muss für das, was sie Ihnen angetan hat. Sie wünschen sich ja gar nicht, dass die Person bei einem Autounfall ums Leben kommt, aber dass sie auf der Karriereleiter nach oben kommt, wollen Sie auch nicht.

Es kann schon entmutigend sein, so eine Haltung bei sich selbst festzustellen. *Ich dachte, ich wäre darüber hinweg*, denken Sie ärgerlich. *Ich hätte gedacht, dass ich über mehr innere Größe verfüge.*

Mit Gott zu leben ist normalerweise kein schnurgerader Weg von A nach B, sondern eher ein Prozess, der manchmal ein bisschen verwirrend sein kann. Und wenn wir dabei nicht berücksichtigen, dass ein Prozess eben dauert, wenn wir unrealistische oder einfach falsche Erwartungen haben, dann können wir am Ende ziemlich desillusioniert und niedergeschlagen sein.

In frommer Sprache benutzen wir den Begriff der Rettung bzw. Bekehrung meistens in der Vergangenheitsform. Wir sagen zum Beispiel: „Ich habe mich mit 16 bekehrt." Oder: „Ich bin jetzt seit 20 Jahren gerettet."

Wir betrachten unsere Bekehrung als einmaliges Ereignis, aber in Wirklichkeit ist sie ein Prozess. In der Bibel ist von der „Rettung" in allen drei Zeitformen die Rede: Vergangenheit, Gegenwart und Zukunft.

Als wir unser Leben Jesus anvertraut und gesagt haben, dass wir glauben, sind wir gerettet worden. „Denn nur durch seine unverdiente Güte *seid ihr vom Tod gerettet worden.* Das ist geschehen, weil ihr an Jesus Christus glaubt. Es ist ein Geschenk Gottes und nicht euer eigenes Werk" (Epheser 2,8, Hoffnung für alle). Das ist Vergangenheitsform. Es ist geschehen. Und es ist in einem Moment passiert.

Aber es gilt auch, dass wir gerettet *werden.* Gegenwartszeit.

> Dass Jesus Christus am Kreuz für uns starb, muss freilich all denen, die verlorengehen, unsinnig erscheinen. Wir aber, die wir gerettet werden, erfahren gerade durch diese Botschaft Gottes Macht (1. Korinther 1,18, Hoffnung für alle).

Damit ist ein Prozess der Veränderung, der Entwicklung und Vertiefung gemeint.

Und dann hat die Rettung auch einen zukünftigen Aspekt. „Es ist die Hoffnung auf ein ewiges, von keiner Sünde beschmutztes und unzerstörbares Erbe, das Gott im Himmel für euch bereithält.

Bis dahin wird euch Gott durch seine Kraft bewahren, weil ihr ihm vertraut. Und so erfahrt ihr schließlich seine Rettung, die am Ende der Zeit für alle sichtbar werden wird" (1. Petrus 1,4-5, Hoffnung für alle).

Wir *sind gerettet worden*, wir *werden* gerettet, wir *werden gerettet werden.* Daran gibt es keinen Zweifel. Mit Gott zu leben ist eine lebenslange Erfahrung, die noch über unsere Lebenszeit auf dieser Welt hinausgeht.

Ja, uns ist schon vergeben. Uns wird nie mehr vergeben sein als in diesem Moment. Wir werden nie mehr geliebt sein als in diesem Moment. Wir sind schon angekommen, und wir sind angenommen, aber gleichzeitig ist dieses Leben mit Gott auch ein Prozess, weil wir jeden Tag verändert und umgestaltet werden. Es ist ein Prozess, der erst dann vollendet sein wird, wenn wir Jesus von Angesicht zu Angesicht sehen.

Ich weiß ja nicht, wie es Ihnen geht, aber ich habe ziemlich viel zu verarbeiten.

Manches davon ist schon vor meiner Geburt passiert, und

es ist genetisch an mich weitergegeben worden, manches hat aber auch mit eigenen Entscheidungen zu tun, zum Beispiel mit Gewohnheiten, die sich so entwickelt haben, dass sie mich jetzt beherrschen.

Ich bin es so leid, immer wieder Runden um dieselben Probleme zu drehen. Ich habe darüber gebetet, habe gedacht, ich hätte sie überwunden, aber nein ... Und dieser Frust führt zu einer latenten Hoffnungslosigkeit. Eine meiner Lieblingsbands aus den Neunzigern – Extreme – hatte einen zu wenig beachteten Song mit dem Titel: „Am I Ever Gonna Change?" Ich erinnere mich noch genau, wie ich schon damals als Teenager dachte, dass der Song die entscheidende Frage meines Lebens stellte. Und jetzt als Erwachsener finde ich diese Frage noch mehr zum Verzweifeln.

Ich habe vor kurzem mit einem Freund über ein Problem gesprochen, das ich schon habe, so lange ich denken kann: meinen inneren Zorn. Ich bin nicht gewalttätig oder aggressiv, aber ich kann schon ein ziemlicher Idiot sein, und ich bin oft ausgerechnet den Menschen gegenüber, die ich am meisten liebe, aufbrausend und kurz angebunden, manchmal sogar unmittelbar, nachdem ich gepredigt habe.

Ich erklärte also meinem Freund, der auch Therapeut ist, dass ich deshalb wirklich die Nase voll hätte von mir selbst.

Darauf fragte er: „Wieso empfindest du das so?"

„Weil ich mich immer wieder mit denselben Sachen herumschlage. Ich bin es so leid, immer wieder meine Runden um dasselbe Problem zu drehen. Bei allem, was ich weiß, und angesichts der Tatsache, wie gut Gott zu mir ist, sollte ich das längst im Griff haben."

Ich war nicht wütend auf Gott, sondern eher auf mich selbst. Ich schaute mich selbst an und dachte:

Wieso kann ich mich nicht ändern, obwohl Gott schon so viel für mich getan hat? Wieso muss ich Runde um Runde um mein Wut-Problem drehen? Mit meiner Geburt hat es angefangen, und es wird wohl erst aufhören, wenn ich tot bin.

Als ich zu meinem Freund sagte: „Ich bin es so leid, immer wieder Runden um dieselbe Sache zu drehen“, da meinte er geheimnisvoll: „Na ja, wenigstens kreist du nicht mehr auf demselben Niveau.“

Das war ein typischer Therapeuten-Schachzug.

Und er fuhr fort: „Ich bin jetzt schon seit Jahren dein Freund, und es stimmt, dass du immer noch Mühe mit demselben Problemkomplex hast, aber mir fällt auch auf, dass du auf einem ganz anderen Niveau darüber sprichst. Du redest jetzt viel tiefgründiger und grundlegender darüber als früher. Da hast du immer nur über dein Verhalten und seine Folgen gesprochen, aber inzwischen beschäftigst du dich mit den Ursachen, und das ist eine neue Ebene.“

Und jetzt frage ich Sie: Kann es sein, dass Gott auch in Ihrem Inneren auf einer tieferen Ebene wirkt, obwohl Sie immer und immer wieder Ihre Runden um dieselben Probleme drehen?

Vielleicht haben Sie mehr Grund zu feiern, als Ihnen bewusst ist.

Aber mein Freund war noch nicht fertig.

„Und noch etwas“, sagte er. „Ich sehe, wie du um dieses Problem deine Runden drehst, aber auch in größerer Höhe.“

„Moment mal. Was denn nun? Kreise ich höher oder tiefer?“, fragte ich verwirrt.

Unbeeindruckt fuhr er fort: „Dein Bewusstsein hat zugenommen. Du erwähnst jetzt Dinge, von denen du damals, als wir uns kennengelernt haben, noch nicht einmal gewusst hast, dass du Probleme damit hast. Du hast dich sehr verändert, obwohl sich dein Kampf vielleicht heftiger anfühlt als je zuvor."

Dass ich immer wieder meine Runden um dasselbe Problem drehe, bedeutet nicht, dass ich auf derselben Ebene festsitze. Das zu erkennen, war für mich eine Wende, und ich hoffe, dass es auch für Sie ein neuer Aspekt ist und eine Wende einleitet.

Vielleicht machen ja auch Sie sich immer wieder innerlich selbst fertig, indem Sie denken: *Wieso bin ich nur so unmöglich? Wieso kriege ich es einfach nicht auf die Reihe?*

Aber kann es nicht sein, dass Ihre Veränderung einfach nur noch nicht an die Oberfläche gedrungen und sichtbar geworden ist? Das bedeutet ja nicht, dass sie gar nicht stattfindet. Und manches, was wie sinnloses Rundendrehen um immer dieselbe Herausforderung aussieht, ist vielleicht nur Training für die Siegerrunde.

Der Vollender

Was man anfängt, das muss man auch zu Ende bringen. Das ist ein beliebter Grundsatz. Doch Ihren Weg mit Gott haben ja nicht Sie begonnen, sondern Gott.

Wenn wir es wären, die den Anfang machen müssen, dann wären wir immer noch weit weg von Gott, aber zum Glück hat er den Anfang gemacht. Er hat uns seinen Sohn geschickt. „Gott aber beweist uns seine große Liebe gerade dadurch, dass Christus für uns starb, als wir noch Sünder waren" (Römer 5,8). Gott ist mitten in unser Chaos und unseren Ungehorsam, in unser zielloses Herumirren und die Leugnung unseres Schöpfers hineingekommen. Er hat diesen Kreislauf unterbrochen und gesagt: „Meine Gnade ist alles, was du brauchst" (2. Korinther 12,9, Hoffnung für alle).

An anderer Stelle habe ich schon Kolosser 2,6 zitiert, wo steht: „Wie ihr nun angenommen habt den Herrn Christus Jesus, so lebt auch in ihm" (Luther). Achten Sie darauf, wie der Vers endet.

Wenn Sie das als Befehl lesen, für Gott zu leben, dann lesen Sie nicht richtig. Da steht nicht, dass wir *für* ihn leben sollen, sondern *in* ihm. Es ist eine Einladung. Gott sagt nicht: „Wenn ihr behauptet, Jesus zu kennen, dann lebt gefälligst auch wie er." Nein, er sagt: „Wenn ihr Jesus kennt, dann *werdet ihr mit ihm* leben." Es ist ein Privileg, und es geht hier um eine Beziehung.

Unsere Kämpfe bedeuten gar nicht unbedingt, dass wir Gott fern sind. Manchmal sind wir ihm sogar dann am nächsten, wenn wir am meisten zu kämpfen haben, weil uns dann mehr denn je bewusst ist, wie dringend wir ihn brauchen, und er reagiert darauf mit Gnade, Güte und Geduld.

Es geht hier nicht in erster Linie um ein Ziel, sondern es geht um den Weg. Und die Gnade und Güte, die uns überhaupt erst Zugang zu dieser Beziehung ermöglicht haben, ist dieselbe Gnade und Güte, die uns durchtragen werden.

Der Vers endet mit den Worten „in ihm". Da steht nicht *darin*, sondern *in ihm*. Das Leben als Christ ist kein „Es". Es ist keine Idee und kein Programm, sondern es ist eine Person, nämlich Jesus.

Wenn Sie das nächste Mal merken, dass Sie immer wieder Runden um dieselbe Sünde drehen, dann denken Sie an Jesus. Wenn Sie das Gefühl haben, dass Sie schon wieder eine Runde um Ihre Trägheit drehen und sich fragen: *Wieso bringe ich eigentlich nicht mehr Disziplin auf?*, oder wenn Sie das nächste Mal eine Runde um Ihr gestörtes Konsumverhalten drehen und denken: *Wieso kann ich bloß nicht sparsamer sein?*, oder wenn Sie das nächste Mal eine Runde um Ihre Unfähigkeit drehen, einmal mehr als nur ein paar Wochen bei einer Sache zu bleiben, oder eine Runde um Ihre Unfähigkeit, Geduld zu haben mit Menschen, die Ihnen auf die Nerven gehen, oder um Ihr Unvermögen, unter Druck etwas zu leisten – dann denken Sie an Jesus.

Der Punkt, an dem Sie selbst am Ende sind, ist oft der, an dem seine Gnade einsetzt. Richten Sie Ihren Blick auf Jesus, und überlassen Sie die Führung ihm. Er hat noch mehr Interesse daran, dass Sie sich verändern, als Sie selbst. Er ist geduldiger mit Ihnen als Sie selbst. Er lässt sich voll und ganz auf diesen Prozess ein und wird Sie jeden Schritt auf diesem Weg leiten.

Der Verfasser des Hebräerbriefes schreibt:

Da wir nun so viele Zeugen des Glaubens um uns haben, lasst uns alles ablegen, was uns in dem Wettkampf behindert, den wir begonnen haben – auch die Sünde, die uns immer wieder fesseln will. Mit Ausdauer wollen wir auch noch das letzte Stück bis zum Ziel durchhalten.

Dabei wollen wir nicht nach links oder rechts schauen, sondern allein auf Jesus. Er hat uns den Glauben geschenkt und wird ihn bewahren, bis wir am Ziel sind. Weil große Freude auf ihn wartete, erduldete Jesus den Tod am Kreuz und trug die Schande, die damit verbunden war. Jetzt hat er als Sieger den Ehrenplatz an der rechten Seite Gottes eingenommen.

(12,1-2, Hoffnung für alle)

Wie können wir den Wettkampf zu Ende bringen? Indem wir auf Jesus schauen. Er ist der Initiator und Vorreiter unseres Glaubens, und er ist auch der Vollender.

Mir ist schon bewusst, dass das vielleicht ein bisschen abstrakt klingt, aber eigentlich ist es nur eine Frage des Fokus. Wenn wir nur daran denken, wie viel Weg wir noch vor uns haben, dann werden unsere Schritte schwer und unsicher. Wenn wir uns aber darauf konzentrieren, wie weit Gott uns schon gebracht hat, und wir Vertrauen daraus schöpfen, was Gott schon alles für uns getan hat, dann reicht das für genügend Durchhaltevermögen.

„Was man anfängt, muss man auch zu Ende bringen“, sagt die Welt. Aber Gott sagt genau das Gegenteil: „Mach einfach weiter mit dem, was ich schon zu Ende gebracht habe. Freue dich an dem, was ich schon schwer erkämpft habe.“

Jesus ist für Sie gestorben und auferstanden, und er erklärt, dass er Ihnen vergeben hat und Sie jetzt frei sind. Gehen Sie weiter. Noch eine Runde. Er lehrt Sie, Sie entwickeln sich weiter und kommen ihm immer näher.

Sie sind nicht perfekt, aber Sie sind in einem Prozess, und das ist das Allerwichtigste.

Zutiefst ermutigend finde ich, dass die Bibel keine Scheu hat, von diesem Prozess auch bei unseren Glaubensvätern zu berichten. Gott versucht gar nicht, ihr Menschsein zu verbergen oder ihre Probleme zu übertünchen.

Die Fehler und das Versagen dieser Männer sind in Ewigkeit dokumentiert, und zwar nicht in erster Linie als Mahnung, sondern viel mehr als Ermutigung. Wenn die es geschafft haben, dann können wir es auch.

Ein paar von diesen Glaubenshelden haben wir schon erwähnt: Mose, Josef, Gideon, David, Salomon, Paulus – und sogar Jesus. Sie alle hatten es mit Schwächen und Einschränkungen zu tun.

Doch wenn ich eine Gestalt aus der gesamten biblischen Galerie herauspicken sollte, die den Gedanken eines Prozesses besonders gut verkörpert, von Schwäche und Entwicklung, von falschen dritten Wörtern und richtigen, dann weiß ich genau, wen ich aussuchen würde.

Dieser Mann mit seinen ganzen Verwicklungen wusste sicher, was ein Prozess ist. Er war teils Held, teils Bösewicht, teils Opfer. Fast sein ganzes Leben lang versuchte er, auf die falsche Weise und zum falschen Zeitpunkt zu bekommen, was er unbedingt haben wollte, bis er es schließlich lernte, sich sowohl auf sich selbst als auch auf den Prozess einzulassen, in dem er sich befand.

Sein Name ist Jakob, und sein Leben war ein bunter und unstrittiger Beweis dafür, dass Gott nicht nur gern mit unqualifizierten Leuten arbeitet, sondern sogar mit solchen, die sich selbst disqualifiziert haben.

Der Gott Jakobs

Die beiden Gestalten, die sich gegen die aufgehende Sonne abhoben, waren ein seltsamer Anblick. Zumindest wären sie das gewesen, wenn jemand genau hingeschaut hätte. Seit Stunden hatten sie jetzt schon miteinander gerungen, und keiner von ihnen wollte klein beigeben.

Ganz in der Nähe befand sich ein stilles, verlassenes Lager, das offenbar in aller Eile abgebrochen worden war. Ein bisschen Holzkohle, einige weggeworfene Ausrüstungsgegenstände und ein Gefühl von Furcht waren alles, was noch da war.

Die Männer kämpften, als ginge es um ihr Leben.

Und auf einen traf das auch wirklich zu.

NEUN

Die Kraft von Crisco

Ich habe mir eine ganze Reihe von Phantasieidentitäten geschaffen, und zwar nicht, weil ich andere täuschen will, sondern weil ich gern dazugehören möchte. Vielleicht aber auch, weil es einfach zu unangenehm ist, zu akzeptieren, wer ich wirklich bin. Wahrscheinlich ist es von beidem etwas.

Ich erinnere mich noch, wie ich als Sechsjähriger jeden Nachmittag im Garten hinter dem Haus herumrannte und schrie: „Durch die Kraft von Crisco! Ich habe die Macht!" Und dann schwang ich mein He-Man-Plastikschwert und stellte mir Criscos Macht vor – was auch immer das sein mochte –, die mich in einen Superhelden verwandelte.

Meine Mutter lachte dann immer, und unser Nachbar Mr. Buddy, der an seinem Rasenmäher werkelte, lächelte. Ich hatte keine Ahnung, was an dem, was ich da tat und sagte, so lustig sein sollte.

Aber eines Tages musste mir meine Mutter dann doch die harte – in diesem Fall fettige – Wahrheit sagen.

„Weißt du eigentlich, was Crisco ist, mein Schatz?", fragte sie.

„Ja, das ist das, wodurch He-Man seine Superkräfte kriegt."

„Meinst du?"

„Ja, Mama! Prinz Adam hebt sein Schwert und sagt: ‚Durch die Kraft von Crisco!', und dann verwandelt er sich in He-Man, und dann sagt er: ‚Ich habe die Macht!', und richtet sein Schwert auf Cringer und verwandelt ihn in Battle Cat."

Da erklärte mir meine Mama, was Crisco wirklich ist. Sie zeigte mir sogar eine Packung davon (Crisco ist die Rama der USA, Anm. der Übers.) und erklärte mir dann, dass sich mein Lieblingssuperheld in Wirklichkeit auf die Macht von *Grayskull* beruft.

Crisco ... Grayskull. Einfach ein Höhrfehler.

„Aber wenn du willst, kannst du es ruhig weiter die Macht von Crisco nennen, mein Schatz. Das klingt irgendwie süß."

„Aber das will ich nicht. Das hört sich doch bestimmt total blöd an", entgegnete ich, und das war das letzte Mal, dass ich das Powerschwert geschwungen hatte.

Doch es war nicht das letzte Mal, dass ich so tat, als wäre ich stärker, als ich es wirklich bin, und nicht das letzte Mal, dass ich versuchte, Kraft aus einer falschen Quelle zu beziehen.

Erwachsene haben vielleicht kultiviertere Rituale als Kinder, aber unsere Fähigkeit, alle nur möglichen Personen zu sein außer uns selbst, ist schon beachtlich – und das meine ich nicht positiv. Um den unnachahmlichen Prince zu zitieren: „All of our life's stage, everybody's stars, reality's so blurry."[10]

Ist Ihnen aufgefallen, wie sehr sich unser Leben um Aussehen, Image, Ruf und Anerkennung dreht? Wir starten täglich persönliche PR-Kampagnen für uns selbst, um zu beweisen – wenn auch nur uns selbst –, wie tüchtig und wertvoll wir sind.

Wir kennen unsere Unzulänglichkeiten und Schwächen nur zu gut, und sie sind uns peinlich, frustrieren uns maßlos und verhöhnen uns. Also kommen wir irgendwann zu dem Schluss, dass wir mehr wie jemand anders werden müssen, wenn wir im Leben vorankommen wollen.

Und dann lernen wir, vorzutäuschen, wer wir gern sein möchten, und zwar entweder, bis wir wirklich so sind oder bis wir daran kaputtgehen. Unser Fallbeispiel für die nächsten paar Kapitel war ein Meister im Vortäuschen. Die Frage ist, was ihm das gebracht und wohin es ihn letztlich geführt hat.

Nur Jakob

Schon vom Moment seiner Geburt an hatte Jakob Identitätsprobleme. Der arme Kerl musste im Grunde scheitern.

Schon der Name Jakob hat eine alles andere als positive Bedeutung, denn er heißt wörtlich übersetzt „Fersenhalter". Das klingt seltsam, liegt aber nicht daran, dass seine Eltern die Bedeutung des Namens nicht in einem Buch mit Babynamen nachgeschlagen hatten, bevor sie ihr Kind beim Standesamt anmeldeten. Der Name ist ja auch längst nicht so schlimm wie Clem oder La-a, und er war sogar international. Vielleicht haben Sie die Geschichte, die in 1. Mose 25 zu finden ist, ja gelesen.

Jakob war ein Zwilling, und er und sein Bruder Esau rivalisierten auf geradezu wahnwitzige Art und Weise miteinander. Schon im Mutterleib kämpften sie miteinander, und als dann die Geburt einsetzte, kam Esau als Erster, allerdings mit denkbar knappem Vorsprung, denn Jakob hielt ihn an der Ferse fest.

Daher der Name.

In unserer Kultur wäre das nicht mehr als eine Geschichte, über die man später lachen würde, höchstens jedoch ein Grund zum Prahlen für Esau. Doch damals war die Reihenfolge der Geburt extrem wichtig.

Als ältester Sohn hatte Esau zwei Privilegien, und zwar das Erstgeburtsrecht und den Segen. Das Erste bedeutete, dass er das doppelte Erbe bekam, und weil sein Vater Isaak unermesslich reich war, spielte dieser Aspekt durchaus eine Rolle.

Noch wichtiger war allerdings der Segen. Der bezog sich nämlich auf Wohlstand aus Gottes Hand und die Vermehrung dieses Wohlstandes ein Leben lang. Außerdem wurden durch diesen Segen die Autorität und der Führungsanspruch in der Familie vom Vater auf den ältesten Sohn übertragen.

Jakob kam offenbar nie richtig darüber hinweg, dass er das Rennen durch den Geburtskanal nicht gewonnen hatte, denn die folgenden Jahrzehnte verbrachte er damit, Pläne zu schmieden und sich Intrigen auszudenken, wie er das bekommen konnte, was Esau zustand.

Sein drittes Wort war *Jakob*, und was das bedeutete, gefiel ihm ganz und gar nicht. Er wollte Esau sein – zumindest aber haben, was Esau hatte. Doch er war nun mal Jakob, und Jakob zu sein war in seinen Augen nur das Zweitbeste.

Die Bibel beschreibt ausführlich und in allen Einzelheiten, wie absolut gegensätzlich Esau und Jakob waren, obwohl sie ja Zwillinge waren. Esau hatte schon bei der Geburt rote Haare, und zwar am ganzen Körper. (Ich werde mir Bemerkungen darüber verkneifen, was seine Eltern wohl empfunden haben, als einer ihrer sehnsüchtig erwarteten Söhne geboren wurde und aussah wie ein Baby-Chewbacca.) Esau wurde ein Jäger und war gern draußen im Freien. Er war robust und zäh und rau und konnte sowohl einen Bock häuten als auch eine Grundangel auslegen. Ein echter Naturbursche also.

Und Jakob? In der Bibel steht, dass er ein stiller Mann mit glatter, weicher Haut war, der sich gern im Lager bei den Zelten aufhielt. Heute würde man vielleicht sagen, dass er ein Muttersöhnchen war und lieber RTL- als den WildLife-Channel sah.

Zu allem Überfluss hatten die Eltern auch noch jeweils ihren Liebling. Isaak hatte Esau lieber, und die Mutter der beiden zog Jakob vor.

Jakob wuchs im Schatten seines Bruders auf, denn Esau war immer größer, schneller und besser, und diese rein äußerlichen Unterschiede hoben wahrscheinlich die Tatsache noch hervor, dass Jakob irgendwie nie gut genug war. *Wenn ich nur ein paar Minuten früher geboren worden wäre*, hat Jakob wahrscheinlich gedacht, *dann hätten materielle Sicherheit und der Segen mir gehört.*

Interessanterweise bedeutet der Name Jakob aber nicht nur „Fersenhalter", sondern außerdem auch „Überlister". Dieser Begriff beschreibt einen Menschen, der vortäuscht, jemand oder etwas zu sein, um sich etwas anzueignen, das ihm eigentlich nicht gehört oder zusteht.

Jakobs Eltern hätten sich also keinen passenderen Namen für ihren Zweitgeborenen ausdenken können, denn Jakobs Wunsch, Esaus Position einzunehmen, war so heftig, dass er ihm mithilfe einer List das Erstgeburtsrecht abluchste. Ich komme darauf später noch einmal zurück, aber die größte List wandte er erst später an, als Isaak im Sterben lag.

Lieblingskinder

Zu diesem Zeitpunkt war Isaak schon sehr alt und fast blind. Er wusste, dass er nicht mehr lange zu leben hatte, und deshalb wollte er Esau seinen Segen geben. Er rief seinen Ältesten also zu sich und forderte ihn auf, jagen zu gehen und ihm aus der Jagdbeute ein Wildgericht zuzubereiten. Nach dem Essen wollte er ihn dann segnen.

An dieser Stelle kommt Rebekka ins Spiel, die Mutter der Jungen. Nachdem sie das Gespräch von einem Nebenraum aus belauscht hatte, rief sie Jakob zu sich und sagte zu ihm (hier leicht umformuliert): „Das ist deine Chance, den Segen zu bekommen, dem du seit deiner Geburt nachjagst. Esau ist auf der Jagd, aber er ist sicher bald zurück, und deshalb müssen wir jetzt schnell sein. Ich werde ein Essen kochen und dir Esaus Sachen anziehen, und außerdem wickeln wir dir Tierfelle um Arme und Hals für den Fall, dass Isaak dich berührt. Glaub mir, dein Vater sieht viel zu schlecht, um den Unterschied zu erkennen. Wenn Esau dann von der Jagd zurückkommt, hast du schon den Segen deines Vaters, und Esau kann daran nichts mehr ändern."

Bevor wir mit der Geschichte fortfahren, noch eine Anmerkung: Ich glaube, dies ist der Dreh- und Angelpunkt der Geschichte, und an dieser Stelle wird deutlich, wieso Esau und Jakob so wurden, wie sie waren.

Weil Isaak und Rebekka jeweils ein Lieblingskind hatten, wuchsen Esau und Jakob in einem Klima auf, in dem sie immer für mindestens einen Elternteil nicht gut genug waren. Sie wurden permanent miteinander verglichen, einander gegenübergestellt und gegeneinander aufgehetzt und ausgespielt.

Da ist es nicht weiter verwunderlich, dass die Zwillinge am Ende beide ziemlich gestört waren.

Und das bringt mich zu der Frage, wie viele unserer Identitätsprobleme und dritten Wörter wohl ihren Ursprung in frühkindlichen Erfahrungen haben? Ich bin zwar kein Psychologe, aber folgende Fragen sollten wir uns vielleicht alle einmal stellen:

Wieso täusche ich etwas vor oder verstelle mich? Wieso versuche ich, jemand anders zu sein als ich bin? Wer hat mir gesagt, wer ich sein soll? Und wieso habe ich das Gefühl, niemals gut genug zu sein?

Wenn Isaak Jakobs Andersartigkeit anerkannt und positiv bestätigt hätte, ob Jakob dann überhaupt das Bedürfnis gehabt hätte, sich als Esau auszugeben? Wenn die Eltern ihre Söhne beide gleich liebgehabt hätten, ob die Brüder dann nicht die Stärken und Schwächen des anderen hätten wertschätzen können, statt um die Wette zu intrigieren und den anderen auszubooten?

Ich kann Ihnen aus persönlicher Erfahrung, sowohl als Kind als auch als Vater von drei Kindern, bezeugen, was für ein Gewicht das dritte Wort der Eltern im Leben ihrer Kinder hat. Das ist ebenso spannend wie ernüchternd.

Eltern können ihre Kinder entweder geradezu hineinkatapultieren in die Persönlichkeit, als die sie von Gott gedacht sind, oder sie können ihre Kinder ganz unterschwellig dazu treiben, etwas vorzutäuschen und sich zu verstellen, weil sie ihnen das Gefühl geben, nicht gut genug zu sein, wie sie sind.

Wenn Sie Kinder haben, dann haben Sie die ungeheure Verantwortung, ihnen dabei zu helfen, herauszufinden, wer sie sind. Sie haben einen tiefen Einblick in die Persönlichkeit, die

Gott Ihren Kindern geschenkt hat, und Sie spielen eine gewaltige Rolle dabei, dass diese Persönlichkeit auch zum Vorschein kommen kann.

Das heißt nicht, dass Sie Ihre Kinder kontrollieren oder zwingen sollen, so zu leben, wie Sie sich das vorstellen. Es geht nicht darum, sie zu Miniaturausgaben Ihrer selbst zu machen. Es geht nicht darum, stellvertretend durch sie zu leben und sie dazu zu drängen, eigene, unerfüllt gebliebene Träume zu verwirklichen und als Quarterbacks in Teams zu spielen, in die Sie selbst es nie geschafft haben.

Sondern es geht darum, sie so wertzuschätzen, wie sie in diesem Moment sind, egal, in welcher Lebensphase sie sich gerade befinden und wie reif bzw. unreif sie sind. Es geht darum, mit den Augen des Glaubens zu sehen, was für unglaubliche Menschen sie im Moment sind, und die Saat dessen, was einmal aus ihnen werden kann, zu gießen.

Das Allerwichtigste ist jedoch, ihnen zu helfen, *sich selbst* wertzuschätzen und zu erkennen, wer sie sind.

Und das ist nicht immer leicht, wie wohl alle Eltern von Pubertierenden bestätigen können. Plötzlich machen nämlich Gleichaltrige, und zwar sowohl Freunde als auch Mitschüler, von denen sie gemobbt werden, mehr oder weniger aufdringliche Vorschläge für dritte Wörter. Unsere Aufgabe als Eltern besteht dann darin, ihnen dabei zu helfen, diese Stimmen und Aussagen zu sortieren.

Meine Kinder sind noch klein, aber ich erhasche jetzt schon hier und da einen Blick darauf, wer sie sind und was aus ihnen werden könnte. Ich kann es gar nicht erwarten, ihnen dabei zuzuschauen, wie sie sich selbst entdecken und verwirklichen, und mitzuerleben, wie sie anfangen zu strahlen, wenn ihnen klarwird, dass sie wertvoll und fähig und berufen sind. Und ich freue mich unglaublich darauf, ihnen zuzuhören, wie sie von den Träumen erzählen, die ihnen Gott ins Herz gelegt hat.

Die meisten Menschen können sich an Momente in ihrer Kindheit erinnern, in denen ihnen bestimmte dritte Worte zugeschrieben wurden, Worte, die sie geglaubt haben und die sie zu dem Menschen gemacht haben, der sie heute sind. Worte, die mit darüber entschieden haben, wie ihr Leben heute aussieht.

Vielleicht erinnern wir uns ja noch an den Moment, in dem sich bei uns das Gefühl einschlich, vielleicht nicht gut genug zu sein und die an uns gestellten Erwartungen oder Forderungen nicht erfüllen zu können.

Wir begannen also, etwas vorzutäuschen, errichteten Fassaden, dachten uns Identitäten aus und versuchten, unser wahres Ich zu begraben, um bei denen besser anzukommen, deren Meinung uns etwas bedeutet.

Noch einmal, ich bin kein Psychologe, und ich habe gar nicht vor, Sie zu analysieren oder irgendwie einzuordnen. Außerdem ist Identität ja auch etwas sehr Kompliziertes, wie wir bereits festgestellt haben. Aber Gott lässt sich durch das Komplizierte an unserer Identität nicht einschüchtern.

Wenn Sie in einem dysfunktionalen Umfeld aufgewachsen sind, wenn Sie ein Opfer von Identitätsmissbrauch, Vergleichen, Manipulation oder Bevorzugung anderer waren, dann sollen Sie wissen, dass Gott Ihr wahres Ich zum Vorschein bringen möchte. Das Ich, das verborgene Werte hat. Das Ich, zu dem Sie berufen sind, und das Ich, das dazu befreit ist, sich in dieser Berufung weiterzuentwickeln. Bitten Sie Gott, Ihnen zu zeigen, ob Sie irgendwelche Rollen spielen oder etwas vortäuschen, das mit Ihrem wahren Ich gar nichts zu tun hat und Ihnen deshalb nur schadet.

Ich will damit nicht sagen, dass wir immer und unweigerlich Produkte der Festlegung durch andere sind, denn letztlich entscheidet sich jeder selbst für den Weg, den er geht, und wir können nicht anderen die Schuld dafür geben, wer wir sind und was wir tun.

Aber das Wertesystem, das wir als Kinder gelernt und übernommen haben, hat sehr viel Macht. Es hat uns geformt, mit einem Etikett versehen, und es behindert uns oft noch immer, ohne dass es uns bewusst ist.

Also noch einmal: Stellen Sie sich die Frage: *Wieso täusche ich etwas vor?*

Vielleicht ist es Zeit, negative Vorstellungen über Ihre Identität und Ihren Wert aufzugeben, die Sie seit Ihrer Kindheit haben. Vielleicht ist es Zeit zu glauben, dass Sie in Wirklichkeit besser sind, als *die anderen* gesagt haben ... wer auch immer *die anderen* gewesen sein mögen. Vielleicht ist es Zeit zu glauben, dass Sie stärker sind, dass Sie fähiger sind und dass Sie wertvoller sind. Vielleicht ist es Zeit, sich zu überlegen, wer Sie wirklich sind, und dieses echte, wahre Ich genauso wertzuschätzen, wie Gott es tut.

Der angeblich rechtmäßige Inhaber

Als Rebekka Jakob von ihrem großartigen Plan erzählte, wusste der erst nicht so recht, ob er sich darauf einlassen sollte. Aber dann tat er es doch. Mir hat Jakob immer irgendwie leidgetan.

Er ließ sich von seiner Mutter überreden, seinen Bruder zu betrügen, und am Ende war er es, der unter den Konsequenzen zu leiden hatte. Erst als ich mich ein bisschen näher mit dieser Situation befasste, fand ich heraus, dass Jakob zu diesem Zeitpunkt schon 76 Jahre alt war. Mit 76 Jahren ist man ja eigentlich schon ein bisschen zu alt, um noch seiner Mutter die Schuld zu geben, oder? In dem Alter muss man sein Leben längst selbst in die Hand genommen haben und für das eigene Handeln geradestehen.

In 1. Mose 27 wird dann beschrieben, wie Rebekka und Jakob ihren ausgeklügelten Plan, sich Isaaks Segen für Jakob zu erschleichen, in die Tat umsetzten.

Zunächst war Isaak misstrauisch, weil er glaubte, Jakobs Stimme erkannt zu haben, aber als er dann die behaarte Haut befühlte und den Geruch von Wald und Feld in der Nase hatte, war er überzeugt. Die Täuschung funktionierte, sodass Isaak Jakob segnete.

Und genau in dem Moment tauchte Esau auf. Als er erfuhr, was Jakob getan hatte, wurde er nicht einfach nur zornig, sondern ihn packte eine mörderische Wut. Er spuckte förmlich Feuer, fluchte und stieß Drohungen aus, die er wirklich ernst meinte, und jeder wusste, wie gut er mit Waffen umgehen konnte.

Deshalb gab es für seinen kleinen Bruder, der sich besser in der Küche als mit Waffen auskannte, nur eine Möglichkeit:

Lauf, Jakob, lauf!

Jakob bekam zwar den Segen, aber die folgenden einundzwanzig Jahre lebte er als Flüchtling, vertrieben aus seiner Heimat und getrennt von seiner Familie.

Was für ein Segen.

Genau das geschieht, wenn wir versuchen, Gott dazu zu bringen, jemanden zu segnen, der wir gar nicht sind.

Ich habe ja schon gesagt: *Gott kann nicht die Person segnen, die wir vorgeben zu sein.* In unserer von Äußerlichkeiten beherrschten Kultur, die verrückt ist nach dem Vergleichen, ist das eine Tatsache, die wir uns zu Herzen nehmen sollten.

Jakob war ein Betrüger. Er wusste, wie man intrigiert und manipuliert und konnte sich so verstellen und reden, dass er bekam, was er wollte.

Doch als er dann den Segen des Erstgeborenen, den er unbedingt haben wollte, von Isaak bekam, da kam der mit unerwartetem Gepäck: Jakob wurde bewusst, dass er allein war, Angst hatte und fliehen musste.

Er erfuhr zwar materiellen Segen, wie wir später in der Geschichte lesen – auf dieser Ebene hatte seine List also funktioniert –, aber verschaffte es ihm die Befriedigung, die er sich davon erhofft hatte? Ich bezweifle jedenfalls, dass er damit gerechnet hatte, vor seinem mörderischen Bruder um sein Leben rennen zu müssen.

Hunderte Jahre später schreibt Salomo: „Reich wird nur, wem der HERR Gelingen schenkt; eigene Mühe hilft dabei nicht weiter!" (Sprüche 10,22, Hoffnung für alle.)

Das heißt, wenn Gott uns etwas schenkt, dann schenkt er uns auch die Fähigkeit, damit umzugehen und es zu genießen. Das bedeutet nicht, dass wir plötzlich ein perfektes Leben haben, aber es bedeutet, dass wir wahre Erfüllung und Zufriedenheit erleben, wenn wir Gottes Segnungen dann bekommen, wann er es will, und so, wie er es will.

Der Segen, den Jakob empfing, war nur eingeschränkt wirksam, solange er sich als Esau ausgab. Und das Gleiche gilt auch für Sie und mich, wenn wir so leben, als wären wir jemand anders.

Wenn wir ehrlich sind, können wir uns wahrscheinlich gut in Jakob hineinversetzen. Es hat doch jeder schon einmal eine Verkleidung angehabt. Wir haben uns alle schon mal angezogen und so geredet wie He-Man und dabei ganz tief in unserem Inneren gewusst, dass die Macht von Crisco es nicht bringt. Und dann fragen wir uns, wieso sich unser Leben so leer anfühlt, wieso sich eigentlich nichts ändert und wieso wir so zutiefst enttäuscht sind von uns selbst.

Drei unterschiedliche Ichs

Bei mir persönlich ist das Problem, dass es *mindestens* drei verschiedene Versionen meiner Person gibt. Erstens die, die ich zurzeit bin. Dieser Typ hat eine gute Seite, aber auch jede Menge Schwächen und Probleme, die meisten davon schon seit Jahren. Er ist inkonsequent, oft langweilig und manchmal enttäuschend. Ich nenne ihn den *Frust-Furtick.*

Dann gibt es die Version meines Selbst, die ich mir *wünschte* zu sein. Der Typ ist das genaue Gegenteil des *Frust-Furtick.* Ich nenne ihn *Future-Furtick.*

Der Future-Furtick ist – mit einem Wort – perfekt. Wenn Sie ihn kennenlernen könnten, würden Sie ihn heiraten oder zum Präsidenten wählen wollen. Der Typ ist beständig, konsequent und freundlich. Er ist diszipliniert, aber nicht auf eine starre und gesetzliche Art, sondern angenehm flexibel. Er hat gerne Spaß, kann aber auch arbeiten und viel schaffen. Er ist gleichzeitig menschen- und aufgabenorientiert, und zwar in einer geradezu perfekten Ausgewogenheit. Er hat ein Sixpack, genießt bei geselligen Anlässen aber auch mal ein Dessert. Der Typ ist ein Paradeexemplar.

Der Future-Furtick ist das Ich, das ich gern wäre, gleichzeitig aber auch das, von dem ich weiß, dass ich es nie ganz und gar erreichen werde. In meinen verzweifelten Anstrengungen, die Lücke zwischen Frust-Furtick und Future-Furtick zu schließen, habe ich noch eine dritte Version meiner selbst kreiert.

Den Fake-Furtick.

Ich kann zwar vielleicht nicht Future-Furtick sein, aber ich kann so tun, als ob und ihn vortäuschen. Ich kann mich wie jemand verhalten, der ich eigentlich gar nicht bin, weil ich glaube, dass mein wahres Ich nicht gut genug ist.

Den Fake-Furtick gibt es in Wirklichkeit gar nicht, aber ich habe schon viel zu viel Zeit und Kraft investiert, um Leute davon zu überzeugen, dass er existiert. Tief in meinem Innern habe ich den Verdacht, dass sie ihn sofort durchschauen, aber ich mache trotzdem weiter mit der Maskerade, weil mein wahres Ich einfach zu ... deprimierend ist.

Ich plappere also weiter all das geistliche Zeugs nach, das ich auswendig gelernt, aber nicht verstanden oder gar verinnerlicht habe. Ich lächle und winke den Nachbarn zu, wenn ich von der Auffahrt vor meinem Haus fahre, obwohl ich gerade eben in der Garage noch meine Kinder angeschrien habe. Ich nicke zu Dingen, die ich nicht verstanden habe, statt Fragen zu stellen. Ich stelle Stärke zur Schau, statt meine Schwäche einzugestehen.

Ich tue alles, um von mir selbst das Bild zu vermitteln, dass ich alles im Griff habe und mein Leben auf die Reihe kriege.

Aber das stimmt gar nicht. Jedenfalls nicht immer. Und ganz sicher nicht auf jedem Gebiet.

Natürlich sollten wir positiv sein. Und ja, wir sollten dankbar sein und Siege feiern und an die Zukunft glauben. Ich habe gar nichts dagegen, Verbesserungen anzustreben.

Was ich meine, ist unser Hang, unsere Schwächen aus Angst und Unsicherheit schönzureden. Ich spreche von einem tiefsitzenden, fast unterbewussten Gefühl von Versagen und Unzulänglichkeit, das uns dazu bringt, so zu tun, als wären wir schon weiter, als wir es in Wirklichkeit sind. Ich meine diese einseitigen Anstrengungen, die uns letztlich daran *hindern*, die Veränderungen anzugehen, die nötig sind.

Doch der Perfektionsdruck ist allgegenwärtig. Also polieren wir unser Image ein bisschen auf und fotoshoppen unser Scheitern und Versagen. Wir schönen unsere Persönlichkeit ein wenig in der Hoffnung, Menschen dadurch glauben zu machen, dass wir genauso perfekt sind wie sie.

Aber das sind wir nicht und sie auch nicht, denn niemand ist perfekt. Wir sind keine Fotos, festgehalten in einem perfekten Moment, damit alle uns bewundern können. Wir können nicht inszenieren und schön beleuchten und zurechtstutzen und mit Filtern versehen, wer wir sind.

Unser Leben ist eher wie ein ungeschnittener Film, und das Material, das herausgeschnitten werden muss, ist enorm, weil wir meistens keine Ahnung haben, was wir eigentlich gerade tun. Wir tasten und fühlen uns irgendwie durchs Leben, Fehler für Fehler, Sieg für Sieg.

Wir müssen nachsichtiger sein mit anderen und uns selbst, denn Gott liebt nicht unser künftiges Ich, sondern unser wahres, sogar die frustrierenden Teile davon.

Gott kann Fake-Furtick, den Typen, den ich zu sein vorgebe, nicht segnen. Und er kann ganz sicher auch den Future-Furtick nicht segnen, den, den es noch gar nicht gibt und so, wie ich ihn mir vorstelle, auch nie geben wird.

Aber den Frust-Furtick, die aktuell vorhandene Version meines Ichs, die kann er segnen. Er kann mich mehr lieben und einsetzen und verändern, als ich es erwarten oder mir auch nur vorstellen kann. Doch damit das geschehen kann, muss ich so sein, wie ich bin, und mein wahres Ich zeigen.

Und das gilt auch für Sie.

Kein Vortäuschen mehr. Kein Posen und Verstellen mehr. Wir müssen akzeptieren, wer wir sind, bevor wir die Person werden können, als die wir gedacht sind.

Wir können, so wie Jakob, ziemlich ausgeklügelte alternative Identitäten erschaffen. Wir ziehen die schönsten Klamotten aus Esaus Kleiderschrank an und üben, wie wir reden, uns bewegen und die Markenklamotten tragen müssen. Aber selbst, wenn wir das bekommen, worauf wir aus sind – dass unser vorgetäuschtes Ich akzeptiert wird –, fühlen wir uns nur leerer als je zuvor.

Es gibt junge Frauen, die mit Snapchat Fotos machen, die sie besser nicht machen sollten, um die Aufmerksamkeit von jungen Männern zu erlangen, mit denen sie besser nie etwas zu tun haben sollten, nur, um zu erleben, dass sie betrogen und abserviert werden, wenn der Kick des Neuen nachlässt.

Es gibt junge Männer, wirklich gute und sensible Typen, die

die Rolle von Mistkerlen und Gangstern spielen, weil sie nicht für Weicheier gehalten werden wollen. Aber die künstlich eingenommene Rolle des harten Typs sorgt nur für Kurzschlüsse in ihrer Entwicklung von echtem Mitgefühl und authentischer Stärke.

Es gibt Ehefrauen, die versuchen, gleichzeitig Martha Steward und Beyoncé zu sein. Sie sind tolle Mütter und Ehepartnerinnen, aber sie leben in der ständigen Angst, nicht zu genügen oder gar zu versagen, und das nur wegen dieses unerfüllbaren Maßstabes, den sie an sich selbst anlegen.

Es gibt Ehemänner, die vierzehn Stunden am Tag schuften und ihren Dispo voll ausschöpfen und dann mit einer Angststörung enden wegen des selbstgemachten Drucks, produktiv zu sein und die Familie optimal zu versorgen.

Aber so etwas hat Gott nie gewollt. Diese Art von Druck, etwas vorzutäuschen und zu leisten, kommt nicht von dem, der alle guten und vollkommenen Gaben schenkt.

Wir können lernen, wie man eine perfekte Fassade errichtet. Wir können herausfinden, wie wir am besten tarnen, wer wir wirklich sind, und vielleicht können wir andere Leute damit hinters Licht führen, aber Gott – und auch uns selbst – täuschen wir nicht.

Gott liebt unser wahres Ich, und deshalb ist alles Vortäuschen sinnlos.

Er stärkt uns und macht uns fähig, zu akzeptieren, wer wir wirklich sind, selbst wenn unsere dritten Worte so aussehen: *Ich bin entsetzt ... ich bin verloren ... ich bin verletzt ... ich bin gescheitert ... ich bin unsicher ... ich bin schwach.*

Gottes Segen zeigt sich in unserer Ehrlichkeit und Offenheit.

icht von unseren eigenen dritten Wörtern befrei- sie nie zugeben.

chte Ihr wahres Ich segnen, mit all seinen Schwächen und Problemen und all dem Unschönen, das es hat. Das wahre Ich ist nicht perfekt, aber genau darin liegt der Segen. Genau dort ist die Gnade Gottes am größten und seine Kraft am stärksten.

Jakob akzeptieren

Jakob glaubte, die Antwort auf seine innere Leere bestünde darin, wie Esau zu sein. Doch sein Betrug bewirkte nichts anderes als ein Netz aus neuen Lügen und Komplikationen, einschließlich der Vertreibung aus seiner Heimat und der Trennung von seiner Familie.

Jakob, der Lügner, verbrachte am Ende die folgenden einundzwanzig Jahre bei seinem Onkel Laban, der sich als noch größerer Gauner erwies. Laban sorgte dafür, dass sich Jakob im Vergleich zu ihm richtig naiv fühlte.

Doch irgendwann beschloss Jakob, wieder nach Hause zurückzukehren und sich seiner Vergangenheit zu stellen. Unterwegs hatte er eine Begegnung mit Gott, die letztlich eine Begegnung mit sich selbst war. Schon komisch, wie so etwas passiert.

Die Geschichte können Sie in 1. Mose 32 nachlesen. Nach zwei Jahrzehnten Exil war Jakob jetzt unterwegs nach Hause, um den Versuch zu unternehmen, mit Esau Frieden zu schließen und seine Eltern wiederzusehen.

Es überrascht dabei kaum, dass er Angst hatte. All die Täuschungen und der Betrug aus der Vergangenheit verfolgten ihn immer noch. In der Nacht vor seiner Begegnung mit seinem Bruder Esau war er allein im Lager, denn er war getrennt von seiner Familie unterwegs, um sie nicht durch einen möglichen Racheakt von Esau zu gefährden.

Plötzlich tauchte ein Fremder auf und begann mit Jakob zu kämpfen. Das war schon seltsam, aber noch seltsamer war die Tatsache, dass sich herausstellte, dass der Mann Gott war. Viele Gelehrte sind der Meinung, dass es in Wirklichkeit Jesus in seiner Gestalt vor der Menschwerdung war.

Die beiden rangen die ganze Nacht miteinander, und Jakob weigerte sich, den Mann gehen zu lassen. Sogar als der Mann ihm die Hüfte ausrenkte, gab Jakob noch nicht auf. Wahrscheinlich wusste er zu diesem Zeitpunkt nicht, mit wem er da kämpfte, aber ihm war klar, dass er da etwas Wichtiges zu fassen hatte. Und was noch wichtiger war, dass etwas Wichtiges ihn zu fassen hatte.

Der Mann, der sein ganzes Leben damit verbracht hatte, nach allem zu greifen und es festzuhalten, war jetzt selbst ergriffen.

Und in der Hitze des Kampfes erklärte Jakob: „Ich lasse dich nicht eher los, bis du mich gesegnet hast“ (V.27, Hoffnung für alle).

Obwohl er inzwischen siebenundneunzig Jahre alt war, hatte seine Entschlossenheit kein bisschen nachgelassen. Dieselbe Zähigkeit, die er schon im Mutterleib an den Tag gelegt hatte, zeigte sich auch jetzt wieder in seinem Ringen um einen weiteren Segen.

Doch dieses Mal hielt er sich an dem Einen und Einzigen fest, der wirklich die Macht hat zu segnen.

Und dann fragte der Fremde ihn aus heiterem Himmel: „Wie heißt du?"

Wenn ich Jakob gewesen wäre, hätte ich gedacht: *Wirklich genau der richtige Moment, um diese Frage zu stellen. Wir haben die ganze Nacht gekämpft, du hast mir die Hüfte ausgerenkt, und jetzt willst du plötzlich, dass wir uns duzen?*

Die Frage wirkt ein bisschen willkürlich, bis man sich wieder daran erinnert, dass diese Frage Jakob zuvor schon einmal gestellt worden ist. Vor einundzwanzig Jahren nämlich, als er zu Isaak gegangen ist, um sich seinen Segen zu erschleichen. Damals hatte Isaak gefragt: „Wer bist du?"

Und Jakob hatte geantwortet: „Ich bin Esau."

Vor Jahren war er von Isaak als Esau gesegnet worden, jetzt wurde es Zeit für Jakob, von Gott gesegnet zu werden ... und zwar als er selbst. Der echte Segen konnte erst erfolgen, als Jakob zugab, wer er wirklich war.

„Ich bin Jakob. Ja, der bin ich. Das ist mein drittes Wort. Ich bin der Betrüger. Der hinterhältige Verräter. Der Fersenhalter. Der Zweitgeborene. Der Täuscher. Der Gebrochene. Ich bin *Jakob*."

Das war gleichzeitig Höhepunkt und Abschluss von Jahrzehnten, die bestimmt waren von Betrug und Täuschung. Jakob erkannte endlich, wer er war – mit all seiner Unvollkommenheit und Unzulänglichkeit –, und klammerte sich verzweifelt an Gott fest.

Welche Folgen das hatte, ist in der Bibel dokumentiert.

Als er endlich seinen richtigen Namen akzeptierte, da veränderte Gott ihn! Oder besser gesagt, Gott zeigte Jakob seine *wahre* Identität. Gott zeigte Jakob, wie er sich ihn ursprünglich und von Anfang an gedacht hatte.

Unbr

„Von jetzt an sollst du nicht mehr Jakob h
an heißt du Israel“ (Vers 29, Hoffnung für alle

Israel bedeutet „Gott kämpft“ und ist im Verg
sengreifer“ und „Betrüger“ ja schon eine ziemliche Verbesserung.

Jakob war immer noch Jakob, aber durch Gott war er Israel.

Jakob hatte immer noch Schwächen, aber durch Gott war er stark.

Das ist das Paradox des dritten Wortes. Es ist die Dichotomie der Bestimmung. Wenn wir akzeptieren und für uns annehmen, wer wir sind, dann wirkt Gott in und um unsere Schwächen herum, trotz unserer Schwächen und durch sie hindurch, um uns zu segnen.

Ich finde es merkwürdig, dass der Mann, gegen den Jakob da kämpfte, sich weigerte zu antworten, als Jakob ihn im Gegenzug nach seinem Namen fragte.

„Wieso willst du das wissen?“, stellte der Mann die Gegenfrage (Vers 30, Hoffnung für alle) und gab ihm dann den Segen, den er so unbedingt bekommen wollte, ohne die Frage zu beantworten, die Jakob so wichtig schien.

„Dann segnete er ihn“ (Vers 30), heißt es in der Bibel nur.

Dann segnete er ihn.

Wann also? Als er ausdrücklich sein „drittes Wort“ für sich angenommen hatte.

Ich bin ... Jakob.

Führen Sie auch gerade einen Ringkampf mit Ihrer Unsicherheit, Ihren Ängsten und Ihrem Versagen? Ich glaube, das ist für Gott der ideale Moment, Ihnen zu zeigen, wer Sie wirklich sind, und Sie daran zu erinnern, wer er eigentlich ist nau dann und dort wird er Sie segnen. An diesem Ort, wenn Sie Ihren wirklichen Namen nennen.

Jakob glaubte, dass er sich gerade anschickte, mit Esau wieder Frieden zu schließen, aber in Wirklichkeit führte Gott ihn in dieser Nacht zum Fluss, damit Jakob endlich Frieden mit sich selbst schloss. Jakob hatte vorgehabt, seinem Bruder aufwändige Geschenke zu machen, damit der ihm verzieh, aber dann stellte sich heraus, dass nichts von alldem nötig war.

Als die beiden Brüder einander schließlich sahen, heißt es in der Bibel: „Esau aber lief ihm entgegen und herzte ihn und fiel ihm um den Hals und küsste ihn, und sie weinten" (33,4).

Als er jetzt dem Mann von Angesicht zu Angesicht gegenüberstand, gegen den er sein Leben lang gekämpft hatte, begriff Jakob etwas, das auch ich immer besser verstehe.

Der einzige echte Kampf, den ich gewinnen muss ... ist der innere.

Der Kampf ist nicht der gegen Esau. Der Kampf ist der Kampf mit mir selbst.

Ich glaube, dass Gott Sie hier und jetzt segnen will, welche äußeren Umstände auch immer Sie zu diesem Punkt auf Ihrem Weg gebracht haben. Er möchte Ihnen einen neuen Namen und eine neue Sicht von sich selbst schenken, während dieser neue Tag anbricht.

ZEHN

Du kannst jetzt Jakob zu mir sagen

Vor ein paar Jahren baten mich Graham und Elijah, ihnen vor dem Schlafengehen noch eine biblische Geschichte zu erzählen. Natürlich war das nichts anderes als eine geistlich getarnte Verzögerungstaktik, aber ich bin eben ein Trottel und fiel sofort darauf herein.

„Also es gibt da eine Geschichte in der Bibel über einen Ringkampf, aber wahrscheinlich wollt ihr die gar nicht hören", neckte ich sie.

„Doch, doch! Bitte erzähl sie uns!"

Also erzählte ich ihnen, wie Jakob und Esau schon im Bauch ihrer Mutter miteinander kämpften und wie es im Leben der Zwillinge danach weiterging. Ich erklärte ihnen, wie Jakob schon von Geburt an versuchte, seinen Bruder zu besiegen, und wie er Jahre seines Lebens log und betrog, um zu bekommen, was er haben wollte.

Ich erzählte ihnen, wie Jakob so tat, als wäre er Esau, und ich erwähnte auch, wie Isaak seine rechte Hand auf Jakobs Kopf legte, als er ihm seinen Segen gab, weil das die Hand eines Erstgeborenen war, die Hand der Vollmacht.

Die Jungen konnten sich auf jeden Fall gut in diese Beziehung hineinversetzen, die von Konkurrenzdenken und Geschwisterrivalität beherrscht war, und als ich dann zu dem Teil kam, als Jakob mit dem Engel kämpfte, da waren sie absolut fasziniert. Es kann schon sein, dass ich dabei ein paar Bewegungen aus dem Kampfsport angedeutet und eingeflochten habe, um die Szene etwas zu veranschaulichen.

Die Wahl dieser Geschichte war jedenfalls ein voller Erfolg, denn als ich zu Ende erzählt hatte, waren die Jungs richtig versunken. Doch wie sehr sie sich mit dieser Geschichte identifizierten, wurde mir erst ein paar Tage später klar. Es war wieder Schlafenszeit, und ich legte mich noch ein paar Minuten zu den beiden, um mit ihnen zusammen zu beten.

Das Folgende braucht Sie jetzt nicht weiter zu beeindrucken, denn das tue ich nicht immer, wenn ich mit ihnen bete. Irgendwie kam es dazu, dass ich diesmal meine rechte Hand auf Elijah (den Ältesten) und die linke auf Graham (den Jüngsten) legte, ohne mir dabei etwas zu denken, aber plötzlich merkte ich, wie Graham nach meiner rechten Hand griff, sie von Elijahs Kopf wegzog und auf seinen eigenen legte.

Doch Elija hatte schon vor mir begriffen, was da gerade vor sich ging. Er zerrte meine Hand wieder zurück und sagte: „Oh nein, das machst du nicht!"

„Zu spät!", entgegnete Graham mit diebischer Freude und gab dann den Satz des Abends von sich: „Du kannst jetzt Jakob zu mir sagen, du Trottel!", meinte er zu seinem großen Bruder. Das habe ich mir nicht ausgedacht, ehrlich! Und zu dem Zeitpunkt war Graham erst fünf Jahre alt. Meine Familie braucht ganz eindeutig Gebet.

Du kannst jetzt Jakob zu mir sagen, du Trottel!

Am Beispiel meiner Kinder wird deutlich, dass
sende von Jahren nach dem ursprünglichen Jako
kampf nichts geändert hat. Der uralte Hang zum
ist immer noch quicklebendig bei uns. Es braucht uns niemand erst beizubringen, wie wir um das kämpfen, was wir unbedingt haben wollen. Niemand braucht uns zu zeigen, wie man lügt, betrügt und stiehlt, denn wir wissen von Natur aus, wie das geht.

Schon vor ihrer Geburt hatten Jakob und Esau ihr eigenes Wrestling-Match im Mutterleib laufen und stießen und schubsten und drängelten, um als Erster das Licht der Welt zu erblicken. Und auch den größten Teil ihres Lebens kämpften und rangelten sie miteinander.

Warum das so war? Weil wir alle von Natur aus zuerst an uns selbst denken. Wir werden mit der Vorstellung geboren, dass das gesamte Sonnensystem um uns kreist und dass das Universum dazu da ist, uns glücklich zu machen. Der Selbsterhaltungstrieb ist angeboren, und egoistisches Verhalten ist beim Menschen etwas ganz Natürliches.

Langfristig funktioniert es aber nicht besonders gut, nur dem Ego zu folgen – siehe Jakob. Den größten Teil seines Lebens brauchte er, um herauszufinden, dass sein Manövrieren und Manipulieren und seine Ich-komme-immer-zuerst-Mentalität nicht funktionierten.

Und dennoch stelle ich fest, dass ich mich öfter, als mir lieb ist, genauso verhalte. Ich beschäftige mich geradezu zwanghaft mit meinen Zielen, meinen Bedürfnissen und meinen Wünschen. Ich wende Verteidigungsstrategien und Täuschung an, um mein unbedeutendes kleines Reich zu schützen. Ich plane und intrigiere, um meinen Anteil vom Leben abzubekommen.

Aber ich weiß auch, dass ich da nicht der Einzige bin, sondern dass das die Geschichte der Menschheit ist.

Viele Menschen verbringen ihr gesamtes Leben damit, zu betrügen, zu intrigieren und zu kämpfen. Sie tragen die Last ihrer Erfolge und ihres Scheiterns jede einzelne Minute jedes einzelnen Tages selbst mit sich herum. Sie tun alles, um voranzukommen, denn wenn sie sich nicht selbst um die Nummer 1 kümmern, wer tut es denn dann?

So war auch Jakob. Er kümmerte sich immer als Erstes um sich selbst, nahm immer sein Schicksal selbst in die Hand, stand immer allein gegen die ganze Welt.

Aber für so ein Denken und Leben sind wir nicht geschaffen.

Linsen, Erstgeburtsrecht und Segen

Im vergangenen Kapitel haben wir uns Jakobs Hang zum Täuschen und Betrügen etwas genauer angeschaut. Er war ein Schauspieler, ein Poser, ein falscher Fuffziger. Jakob musste lernen zu akzeptieren, wer er war, bevor Gott ihn segnen konnte, und Israel wurde er erst, als er lernte, Jakob zu sein.

Genau wie das Vortäuschen falscher Tatsachen war auch Jakobs Hang zum Manipulieren ein Ausdruck seiner Unsicherheit, seiner Weigerung, Schwäche einzugestehen und auf die Kraft Gottes zu vertrauen. Jakob glaubte, dass er mit allem allein fertigwerden musste. Er hielt sein eigenes Schicksal im Todesgriff, weil er es nicht anders kannte.

Im Grunde kannte er nur einen Fokus, nämlich zu bekommen, was er wollte, weiterzukommen und der Erste, der Reichste, der Schnellste und der Beste zu sein.

Deshalb passte der Name Jakob auch so perfekt zu ihm. Im Innersten war er tatsächlich ein Fersenhalter und ein Gewohnheitsbetrüger.

Das ist von dem Moment an zu erkennen, als Esau und er geboren werden, aber besonders deutlich wird es in der Geschichte, um die es im vorigen Kapitel ging, als Esau sein Erstgeburtsrecht an Jakob abtrat.

Sie erinnern sich? Esau konnte jagen, aber Jakob konnte kochen. Und eines Tages zahlte sich das für Jakob aus. Esau kam ausgehungert von der Jagd nach Hause und sah, dass Jakob einen Topf Linsen gekocht hatte. Also bat er Jakob um eine Schale davon, und weil Jakob ja ein netter Bruder war, willigte er ein, allerdings im Tausch gegen eine winzige Kleinigkeit.

Sein Erstgeburtsrecht.

Vergessen Sie nicht, dass in der damaligen Kultur das Erstgeburtsrecht eine doppelte Erbschaft bedeutete. Isaak war reich, also ging es um eine Menge Geld. Jedenfalls um mehr, als selbst die größte Gourmetschale Linseneintopf wert war.

Rein juristisch stand das Erstgeburtsrecht natürlich nur dem Erstgeborenen zu, aber Jakob wollte es für sich, und um es zu bekommen, war ihm jedes Mittel recht. Es war ihm egal, dass er es seinem eigenen Bruder stehlen musste und er darüber hinaus auch noch zum Betrüger wurde. Er wollte auf jeden Fall die Nummer eins sein.

Jakob erkannte seine Chance und ergriff sie, und so unglaublich es scheint: Esau fiel darauf herein. Das geht als dümmster Tauschhandel aller Zeiten in die Geschichte ein.

Diese Entscheidung sagt übrigens auch eine Menge über Esau aus. Aber das ist wieder eine andere Geschichte.

Über Jakob sagt sie jedenfalls:

Betrüger war sein Name. „Erst komme ich!“, war sein Mantra.

Erst komme ich

Esau vergaß nie, dass Jakob ihn in einem Moment der Schwäche dermaßen schamlos hintergangen hatte. Aber damit war es für Jakob immer noch nicht genug. Wie wir ja im vorigen Kapitel gesehen haben, hatte er es weiterhin auf den Segen des Erstgeborenen abgesehen. Und wie wir erfahren, bekam er auch den.

Genau so funktioniert nämlich diese Fersenhalter-Mentalität. Wenn man im Leben einzig und allein sich selbst im Blick hat, wenn man immer der Beste und der Größte sein muss, um sein Selbstwertgefühl aufzuplustern, dann ist es nie genug, sondern es stellt sich als Fass ohne Boden heraus. Der Schaden, den diese „Erst komme ich“- und vom Vergleichen beherrschte Einstellung in Beziehungen anrichtet, ist verheerend, und das hat Jakob auch immer wieder unter Beweis gestellt. Auf der Suche nach Identität und Selbstwert hinterließ er eine Spur verwüsteter und zerbrochener Beziehungen.

Ich habe Männer kennengelernt, die so unsicher sind, dass sie ihre Frauen und Familien zu ihrem persönlichen Herrschaftsbereich machen. Sie müssen jeden und alles dominieren, und deshalb ist für sie alles ein Wettkampf, eine Herausforderung oder eine Bedrohung. Sie können nicht anderen dienen und sie so lieben, wie sie es eigentlich sollten, weil sie ihre gesamte Energie darauf verwenden, ihr vermeintliches Recht zu herrschen und zu bestimmen zu verteidigen.

Ich kenne Eltern, die die Zukunft ihrer Kinder aufs Spiel setzen, weil sie nicht über ihre eigenen Unzulänglichkeitsgefühle von früher hinwegkommen.

Erkennen Sie jetzt, wie schädlich die Erst-komme-ich-Mentalität für eine Beziehung ist? Wir glauben, dass Glück daher kommt, mehr zu haben als jemand anders, aber in unseren verzweifelten Versuchen, der König vom goldenen Berg zu sein, kann es passieren, dass wir am Ende genau auf den Menschen herumtrampeln, die wir am meisten hätten wertschätzen sollen. Wir setzen Beziehungen aufs Spiel oder zerstören sie sogar um des eigenen Aufstiegs willen, und dann fragen wir uns, wieso wir uns so einsam fühlen.

Meiner Meinung nach ist das kein Leben, sondern nur Überleben zu einem furchtbaren Preis.

Ob wir als Gewinner oder Verlierer enden, so eine Ich-allein-gegen-die-ganze-Welt-Mentalität führt immer in die Einsamkeit.

Die Tatsache, dass Menschen in unserem Umfeld Erfolg haben und weiterkommen, bedeutet ja nicht, dass wir Versager sind. Es nimmt uns doch nicht das Geringste von unserem eigenen Wert. Und auch das Umgekehrte gilt, nämlich dass Versagen der anderen uns nicht wertvoller macht.

In unserem Bemühen, weiterzukommen, verlieren wir am Ende leicht unsere eigene Bedeutung aus dem Blick und vergessen, dass wir auch so schon unendlich wertvoll sind. Wir sind wichtig und wertvoll, weil Gott uns geschaffen hat, weil er uns liebt und weil er uns erwählt hat.

Erster Platz, letzter Platz

Nachdem Jakob sich als Esau ausgegeben und sich so den Segen seines Vaters erschlichen hatte, lebte er am Ende einundzwanzig Jahre lang fern der Heimat bei seinem Onkel Laban. Wie schon erwähnt, war Laban nicht einfach nur ein Betrüger, sondern er war der König der Betrüger.

Hier nur ein Beispiel dafür: Jakob verliebte sich in Labans Tochter Rahel und erklärte sich einverstanden, als Brautpreis sieben Jahre lang für Laban zu arbeiten. Doch in der Hochzeitsnacht spielte Laban Jakob einen Streich, der allerdings so gar nicht lustig war.

Laban gab Jakob nämlich statt Rahel seine ältere Tochter Lea zur Frau, und offenbar war Jakob so betrunken, dass er es nicht merkte. Als er am nächsten Morgen neben Lea aufwachte, war er verständlicherweise ziemlich wütend.

Daraufhin erklärte Laban Jakob, dass er ihm auch Rahel geben würde – allerdings nur für weitere sieben Jahre Arbeit.

Das war ein komisches Touché. Da war tatsächlich jemand, der Jakob ebenbürtig war im Betrügen.

Doch das war erst der Anfang des Dramas zwischen diesen beiden Männern. Es war eine erbärmliche Geschichte von Lügen, Manipulation und Betrug, die sich über Jahrzehnte hinzog, und am Ende der einundzwanzig Jahre musste Jakob wieder einmal aus Angst fliehen.

Ist Ihnen schon einmal aufgefallen, wie kompliziert das Leben wird, wenn jeder jeden manipuliert? Wenn jeder versucht, jeden zu benutzen, um zu bekommen, was er glaubt, unbedingt haben zu müssen?

Es ist verwirrend und anstrengend und führt zu einer unglaublichen Erschöpfung.

Jesus hat einmal etwas sehr Starkes darüber gesagt, wie es in seinem Reich läuft: „Aber viele, die die Ersten sind, werden die Letzten, und die Letzten werden die Ersten sein" (Matthäus 19,30, Luther).

Das heißt, dass nicht immer diejenigen weiterkommen, die gerade vorn liegen.

Wir lesen das und sagen: „Komm schon, Jesus, so läuft das doch nicht in dieser Welt. Hast du denn nicht den Film *Rick Bobby – König der Rennfahrer* gesehen? Hast du nicht gehört, was Ricky Bobbys Vater sagt, als er mit quietschenden Reifen anfährt?" Er sagt: „Wenn du nicht Erster bist, dann bist du Letzter."

Und vielleicht antwortet Jesus darauf: „Guter Film, aber falsche Philosophie."

In Gottes Reich zu versuchen, Erster zu sein, ist die beste Methode, Letzter zu werden. Dienen zu lernen, Warten zu lernen, demütig zu sein und sich auf Gott zu verlassen ist dagegen der Weg zu wahrem Erfolg.

Ein „Erst-komme-ich-Leben" ist armselig. Da spreche ich aus reichlich persönlicher Erfahrung. Wenn sich alles nur um einen selbst dreht und das eigene Ego so groß ist, dass Ihre gesamte Zeit dafür draufgeht, es zu schützen und zu hätscheln, und wenn Sie jeden und alles um sich her brauchen, um Ihr

Selbstwertgefühl aufzupolieren, dann sind Sie auf dem besten Weg ins Elend.

Fersenhalten ist ein grausiges Geschäft, weil es so erbärmlich ist, in egozentrischen Illusionen gefangen zu sein. Es ist elend und erbärmlich, nie einen größeren Gedanken zu haben als „Was ist das Beste für mich?". Es ist elend, von den Menschen um einen her abgeschnitten zu sein, weil man an nichts anderes denken kann als den eigenen Vorteil.

Und es ist ja nicht nur so, dass die „Erst-komme-ich-Einstellung" falsch ist, sondern sie funktioniert ja noch nicht einmal.

Bei anderer Gelegenheit sagt Jesus einmal: „Denn welchen Nutzen hätte der Mensch, wenn er die ganze Welt gewönne und verlöre sich selbst oder nähme Schaden an sich selbst?" (Lukas 9,25.)

Das heißt: Was nützt es dir, Jakob, wenn du nach materiellen Dingen, Status, Erfolg und Sicherheit greifst und dich daran festhältst, nur, um am Ende festzustellen, dass du verlorener bist denn je?

Axl Rose mag ja kein Heiliger sein, aber mit Folgendem hat er absolut recht: „Just because you're winning doesn't mean you're the lucky one."[11]

Ich habe vor ein paar Jahren etwas erlebt, das für mich neu definiert hat, worin echter Erfolg besteht. Ich war zu einer Veranstaltung für Geistliche eingeladen, bei der mehrere bekannte Pastoren auftraten, und zwar einige der bekanntesten Männer aus den bekanntesten Gemeinden der Welt. Beim Abendessen vor der Veranstaltung fragte ich mich, wieso ich eigentlich dabei war, denn ich fühlte mich ein bisschen deplaziert, und außerdem war ich mindestens zehn Jahre jünger als der Rest der Teilnehmer.

Die Diskussion war lebhaft und schien allen zu gefallen, nahm dann aber plötzlich eine Wendung, auf die ich nicht gefasst gewesen war. Der Moderator fragte: „Wie würden Sie in diesem Moment Ihr Gefühl zum geistlichen Dienst insgesamt beschreiben?“ Augenblicklich trübte sich die Stimmung im Raum merklich ein.

Als die Prediger einer nach dem anderen ihre Meinung dazu sagten, war ich schockiert und auch traurig, dass die Mehrheit sinngemäß sagte: „Im geistlichen Dienst zu stehen ist, wie im Gefängnis zu sitzen.“

Erst ein paar Tage nach dieser Veranstaltung merkte ich, was dieser Austausch bei mir ausgelöst hatte. Das waren alles richtig gute Männer, die auf ihrem Gebiet Spitzenklasse waren. Sie helfen Menschen, haben ein Ziel und bewirken unglaublich viel positive Veränderung. Ich will gar nicht sagen, dass sie Heuchler sind, aber es zeigt sich, dass aller Erfolg der Welt, selbst wenn man am und im Reich Gottes mitarbeitet, keine Garantie für innere Zufriedenheit ist. Diese Männer, die von vielen um ihre geistliche Reife beneidet werden, litten still vor sich hin.

Ich will damit auf keinen Fall sagen, dass sie alle manipulieren und Gott sie dafür bestrafen wird, dass sie ihre Arbeit und ihren Dienst auf dem falschen Fundament aufbauen. Genauso wenig, wie ich sagen will, dass alles, was Gott uns aufträgt und wozu er uns beruft, immer Spaß macht und sich nur toll anfühlt. Das wäre angesichts des Lebens von Paulus und auch von Jesus selbst wirklich schwer zu behaupten.

Ich erzähle diese Geschichte nur, weil dieser Austausch mich zu einem wichtigen Entschluss veranlasst hat. Ich habe damals beschlossen, dass wenn es so aussieht und das nötig ist, um ein große geistliche Arbeit aufzubauen, ich darauf lieber verzichte. Ich will auf keinen Fall mein Leben dafür einzusetzen, anderen dabei zu helfen, in Freiheit zu leben, und mich dabei selbst insgeheim so fühlen, als säße ich in Einzelhaft.

An diesem Abend klangen in meinem Inneren die Worte Jesu wider:

„Was nützt es …“

Wenn man bekommt, was man möchte, dann aber nicht möchte, was man bekommen hat, was hat das alles dann für einen Sinn? Es muss einen besseren Weg geben.

Doch viele Menschen halten nie inne, um über die Richtung nachzudenken, in die sie gerade unterwegs sind. Und so verlieren sie sich selbst – ihr wahres, echtes, kostbares Ich –, weil sie sich unbedingt den Weg an die Spitze erkämpfen wollen.

Aber was nützt es, fragt Jesus uns, wenn wir uns selbst – unsere Seele – verlieren, nur, um Geld und Beliebtheit und Bekanntheit, Gottesdienstteilnehmer und Gemeindemitglieder, Follower bei Instagram und was weiß ich noch alles zu gewinnen?

So hat sich Gott unser Leben nicht gedacht. Und er hat uns auch nicht so gedacht, dass wir die gesamte Last unserer Bestimmung allein tragen.

Das ist seine Aufgabe. Und er kann es auch viel besser als wir selbst.

Vielleicht ist das auch der Grund, weshalb sich so viele Menschen ständig so gestresst und ausgebrannt fühlen. Vielleicht
wir Menschen aus, die wir eigentlich liebhaben sollen,
uchen wir, unsere Welt unter Kontrolle zu
gentlich ein bisschen entspannen und Gott
en.

Vielleicht ist unsere Gefängniszelle ja in Wirklichkeit von innen abgeschlossen.

Wenn mit dem Spieler ein Spiel getrieben wird

Als Jakob im Haus von Laban ankam, hatte er nichts, als er wieder fortging, war er ein gemachter Mann. Er hatte eine Familie, eine Viehherde und viel Besitz.

Das lag nicht daran, dass er so clever war, sondern dass Gott beschlossen hatte, ihn zu segnen.

Wenn Sie die Geschichte lesen, werden Sie feststellen, wie sowohl Laban als auch Jakob anerkannten, dass Jakobs Segen aus der Hand Gottes kam.

Onkel und Neffe verbrachten die Jahre damit, sich gegenseitig zu belauern, zu manövrieren, zu manipulieren und den jeweils anderen zu überlisten, aber am Ende lachten weder Jakob noch Laban zuletzt, sondern es war Gott. Er spielte sie beide an die Wand.

Gott hat seine ganz eigene Art, etwas zu erreichen, haben Sie das auch schon bemerkt? Wir haben unsere Strategien und Pläne, planen unsere Schachzüge voraus, sind beeindruckt von unserer eigenen Tüchtigkeit, und dann sagt Gott: „Schachmatt."

Die „Erst-komme-ich-Mentalität" sagt, dass wir immer Erster sein müssen, um im Leben voranzukommen. Wir müssen gewieft sein und sogar mörderisch. Jakob lernte auf die harte Tour, dass der Betrüger am Ende selbst der Betrogene ist und der Spieler das Spiel verliert.

Manche Leute täuschen und betrügen schon so lange, dass

sie sich absolut nicht mehr vorstellen können, die Kontrolle Gott zu überlassen. Sie bauen ihr Leben auf der Philosophie auf, dass die Beute an den Stärksten und den Schlausten geht, an den, der am besten manipulieren kann.

Vielleicht empfinden Sie das ja auch so. Auf mich trifft es jedenfalls nicht zu.

Vielleicht wünschten Sie, Sie könnten etwas weniger wachsam sein und das Leben ein bisschen mehr genießen, statt immer um den ersten Platz zu kämpfen.

Aber vielleicht fragen Sie sich ja auch, wer auf Sie aufpasst, wenn Sie es nicht selbst tun.

Schauen Sie sich einmal ganz genau Ihre dritten Wörter an. Sehen sie etwa so aus?

Ich bin stark.

Ich bin selbständig.

Ich bin allein.

Ich bin self-made.

Ich will ja nicht überkritisch sein, aber diese Worte sind einfach falsch. Sie fühlen sich vielleicht richtig und wahr an, und ich will auch wirklich nicht kleinreden, was Sie selbst zu Ihrem Erfolg beitragen, aber sind letztlich wirklich Sie selbst die Ursache für Ihren Erfolg?

Oder ist es Gott?

Gottes Segen in unserem Leben hat sehr viel mehr damit zu tun, wer er ist, als damit, wer wir sind. Das war der springende Punkt von Gottes ICH-BIN-Offenbarung Mose gegenüber.

Eine manipulative Sicht aufs Leben bekommen wir dann, wenn wir nicht den tatsächlichen Ursprung des Segens in unserem Leben begreifen. Der Segen, den wir erfahren, kommt

von Gott und beruht auf unserem wahren, unserem echt
Selbst.

Nur wenn wir es wagen, das Visier ein wenig hochzuklappen, erleben wir seinen Segen. Erinnern Sie sich noch an die Stelle aus 2. Korinther, die wir uns ein paar Kapitel zuvor angeschaut haben?

Wenn ich schwach bin, dann bin ich stark.

Der Zusammenhang, in dem dieser Vers steht, ist die Bitte von Paulus an Gott, ihn von einer Schwäche zu befreien. Doch Gott erhört dieses Gebet nicht.

Und dann erklärt Gott seine Gründe dafür. In Gott ist Paulus' Schwäche gar keine Schwäche mehr, sondern Stärke. Sie ist genau die Stelle, an der Gott am meisten bewirken kann.

Ich bin überzeugt, dass Gott uns einige unserer Schwächen lässt, weil uns dadurch deutlich wird, wie sehr wir ihn brauchen. Sie erinnern uns ständig daran, uns an Gott zu wenden, statt uns nur auf uns selbst zu verlassen.

Niemand hat die Kontrolle über sein eigenes Schicksal. Wir haben zwar großen Einfluss darauf, aber letztlich nicht die Kontrolle.

Überlegen Sie doch mal. Wir bestimmen nicht unseren Geburtsort. Wir können Naturkatastrophen nicht aufhalten. Wir können die Entscheidungen der Menschen um uns her nicht voraussehen oder bestimmen. Wir können nicht dafür garantieren, dass wir gesund bleiben, und wir wissen nicht, wann wir sterben.

Gott dagegen kann und weiß all das und noch viel mehr.

Wir können nicht mehr als ein paar Stunden gehen, ohne uns ausruhen und/oder schlafen zu müssen, aber das Univer-

Unser Wert- und Identitätsgefühl muss Gott mit einkalkulieren. Ist das nicht der Fall, dann pendeln wir am Ende zwischen Größenwahn und tiefster Verzweiflung hin und her. Im einen Moment sind wir Superhelden, und im nächsten schwenken wir die weiße Flagge der Kapitulation.

Bedenken Sie Folgendes: Wir sind nie so phantastisch, dass sich zwangsläufig Erfolg einstellt, aber auch nie so furchtbar, dass Erfolg ausgeschlossen ist.

Sowohl in unseren Stärken als auch in unseren Schwächen macht Gott den Unterschied aus. Unsere Erfolge kommen von seinem Segen. Wir können sie nicht nur für uns selbst verbuchen. Wir sind weder klug noch stark genug, sie alle allein zu erreichen.

Gleichzeitig sind unsere Schwächen für ihn aber auch kein unüberwindliches Hindernis. Selbst in unserem Versagen und unseren Schwächen gibt es Hoffnung, weil das dritte Wort Gottes unseres jedes Mal übertrumpft.

An Gott festhalten

Wenn wir den Erwartungen gerecht werden, wertvoll, anerkannt und von Bedeutung sein wollen, dann ist das Entscheidende, dabei Gott mit hineinzunehmen in unsere Identität und unsere Bemühungen.

Diese Wahrheit zieht sich durch Jakobs gesamtes Leben.

Erinnern Sie sich noch an sein Kräftemessen mit dem Engel? Der Segen kam, als Jakob seine eigene Identität annahm – mit den guten wie den schlechten Seiten – und sich ihr stellte.

Manchmal glauben wir, wir müssten perfekt sein, damit Gott uns segnen kann. Wir streben einen heiligen Lebenswandel an, was natürlich richtig ist, aber wir tun es, um Gott davon zu überzeugen, uns zu segnen, und das ist falsch.

Wir brauchen Gott nicht davon zu überzeugen, uns zu segnen, denn er *liebt es*, uns zu segnen. Und wir können sowieso nicht gut genug sein oder werden, um all das zu verdienen, was er uns schenkt.

Wenn es so wäre, dann wäre doch Jakob der Allerletzte gewesen, den Gott hätte segnen können. Aber Gott segnete den *echten* Jakob. Er segnete den Frust-Jakob. Nicht den Fake-Jakob oder den Future-Jakob. Trotz all seiner Lügen und Täuschungen, trotz seiner Sündhaftigkeit kümmerte sich Gott um ihn und sorgte für ihn.

Gott segnete Jakob nicht, weil er so schlau war und so viel arbeitete, sondern weil er ihn so sehr liebte. Ich bin davon überzeugt, Gott hätte Jakob genauso gesegnet, wenn der ihm von Anfang an vertraut hätte, und der Segen wäre mit sehr viel weniger Leid und Angst verbunden gewesen. Jakob verbrachte sein ganzes Leben wie ein Einbrecher, der versucht, das Fenster des Segens mit einem Brecheisen aufzustemmen, während Gott ihn die ganze Zeit einlädt, das Haus als Ehrengast durch die Haustür zu betreten.

Und Folgendes finde ich besonders faszinierend an Jakobs Begegnung mit dem Engel. Jakob war immer ein Fersenhalter gewesen, einer, der andere verfolgt und nach ihnen schnappt. Doch jetzt greift Gott sich ihn, und ich glaube, das ist im Grunde der Kern und der Schlüssel zu der ganzen Geschichte. Wir können unser Leben mit Festhalten und Klammern und Kämpfen verbringen, und dabei brauchen wir im Grunde nur eines, nämlich, dass Gott uns packt und festhält. Dass er uns aus lauter Gnade und Güte festhält.

Jakob hatte schon bei seiner Geburt die Ferse eines anderen festgehalten und dann sein gesamtes Leben so verbracht. Aber jetzt hielt Gott *ihn* fest, und er hielt sich an Gott fest, dem Einzigen, der die Vollmacht hatte, ihn zu segnen. Das hätte er schon sehr viel eher tun sollen.

Es ist schon seltsam. Dieselbe Zähigkeit, dieselbe Hartnäckigkeit, mit der er die Ferse seines Bruders festgehalten und die ihn zu einem Intriganten und Betrüger gemacht hatte, arbeitete jetzt, da sie richtig kanalisiert war, für ihn.

Aber ist das nicht genau die Art, wie Gott wirkt? Er nimmt genau die Charakterzüge, auf die wir gern herabblicken und an uns selbst nicht leiden können, und nutzt sie zu unserem Besten.

Vielleicht wird es ja Zeit für Sie, manche Dinge loszulassen und sich stattdessen an Gott festzuhalten.

Lassen Sie los, was die Leute denken.

Lassen Sie Ihre Vergangenheit los.

Lassen Sie alles Vortäuschen los.

Lassen Sie alle Intrigen und alles Manipulieren sein.

Und wenn Sie schon mal dabei sind, lassen Sie auch noch eine Sache mehr los. Sie ist eine der hinterhältigsten Fallen überhaupt, wie Sie gleich sehen werden. Sie heißt Vergleichen.

Elf

Das Problem mit Pinterest

Ich habe ein Problem mit Pinterest.

Für diejenigen, die sich mit Pinterest nicht auskennen, zur Erklärung: Pinterest ist eine Internetplattform, auf der man Bildersammlungen und Links zusammenstellen kann, die einen interessieren. Es ist eine beliebte Art, Ideen zu sammeln und sich inspirieren zu lassen, und zwar zu jedem Thema, von DIY-Projekten bis hin zu Rezepten, weil man sich dort all die coolen Sachen anschauen kann, die andere schon gemacht haben, um sie dann nachzumachen.

Das *PC Magazine* definiert Pinterest folgendermaßen: „Ein soziales Medium, in dem in Form einer Online-Pinnwand Fotos geteilt werden.“[12]

Hier noch eine andere Definition. Es könnte sein, dass ich sie selbst geschrieben habe, vielleicht aber auch nicht: „Pinterest ist eine visuell ausgerichtete Internetplattform, die so angelegt ist, dass sie Sie nonstop – vierundzwanzig Stunden am Tag, sieben Tage die Woche – daran erinnert, dass Ihre Kinder nicht so gut angezogen sind wie die Kinder der Nachbarn, dass Ihr Haus extrem amateurhaft eingerichtet und dekoriert ist, dass die Fotos, die Sie machen, nichtssagend und nicht künstlerisch sind, dass

Ihre Hochzeit stümperhaft geplant war und dass Sie insgesamt ein langweiliges und ödes Leben führen – im Unterschied zu allen anderen, deren Leben immer und ausnahmslos einfach fantastisch ist."

Ja, ganz recht, ich habe tatsächlich ein klitzekleines Problem mit Pinterest.

Bitte verstehen Sie mich nicht falsch. Ich bin gar nicht gegen Social Media im Allgemeinen und noch nicht einmal gegen Pinterest im Besonderen. Social Media sind ja nur ein Instrument, und die Resultate, die es hervorbringt, spiegeln die Absicht des Nutzers wider. Doch das kann durchaus zum Problem werden.

Warum das so ist? Weil wir als Menschen dazu neigen, uns viel zu oft mit anderen zu vergleichen, und Social Media verstärken diese ohnehin schon vorhandene Tendenz noch.

Mein Problem mit Pinterest besteht darin, dass Menschen an einem Ort, zu dem jeder Zugang hat, Perfektion präsentieren. Ich habe ein Problem mit der Denkweise, die dadurch gefördert wird. Und dabei ist das, was auf Pinterest gezeigt wird, ja in der Regel nur ein unvollständiges Bild der Geschichte. Dennoch vergleichen wir unsere wenig berauschende Realität mit den dort gestellten und bearbeiteten Fotos, und am Ende finden wir uns selbst ganz furchtbar. Oder wir laden unsere eigene inszenierte Realität hoch, um Perfektion zu vermitteln, von der wir allerdings weit entfernt sind.

Ich habe vor kurzem eine Plattform gefunden, die sich Pinterest Fail nennt und die mir sehr viel sympathischer ist als Pinterest. Dort werden echte Versuche ganz normaler Sterblicher gezeigt, etwas nachzumachen, was Sie auf Pinterest gesehen haben. Die Ergebnisse rangieren von zum Brüllen komisch bis hin zu erschreckend, sorgen aber wenigstens für das Gefühl, dass es noch Hoffnung gibt.

Vielleicht sind Sie nicht bei Pinterest registriert, aber findet bei Ihnen nicht das Gleiche statt, wenn Sie Vox-Sendungen schauen oder Gala oder Bunte lesen oder wenn Sie sich stundenlang mit Instagram oder Facebook beschäftigen? Schauen Sie Ihren Nachbarn an oder Ihren Pastor oder die supersüße, superfitte Mutter und fragen sich, wieso Sie nie an deren Fähigkeiten, Leistungen oder lässige Lockerheit herankommen?

Das Phänomen des Vergleichens ist ja offenbar nicht auf ein bestimmtes Medium beschränkt. Es ist eine innere Haltung. Das Problem mit Pinterest ist, dass es ein bereits vorhandenes inneres Problem bei uns noch verstärkt. Pinterest ist die perfekte Plattform für unseren Hang, etwas vorzutäuschen, uns zu inszenieren und zur Schau zu stellen, und zwar mit dem Ziel, ein etwas mickriges Selbstwertgefühl aufzuplustern.

Damit muss Schluss sein, und das Leben von Jakob zeigt uns, warum. Um es noch einmal kurz zu rekapitulieren: Wir haben uns angeschaut, inwiefern die Geschichte von Jakob ein paar nicht so besonders schöne menschliche Neigungen veranschaulicht, konkret das *Vortäuschen* und *Manipulieren.* Und es gibt noch eine dritte Neigung, die fast niemandem fremd ist, das *Vergleichen.*

Alle drei gehören zu den negativen Folgen, die es hat, wenn wir unseren eigenen Wert an den falschen Dingen festmachen. Wenn wir nicht wissen oder akzeptieren können, wer wir wirklich sind – mit all unseren Fehlern und Mängeln –, und wenn wir nicht zulassen, dass die Gnade Gottes das einzige und damit entscheidende Kriterium ist.

Jakob war im Grunde schon in dem Moment, als er das Licht der Welt erblickte, dazu verurteilt, ein Opfer des Vergleichens zu werden. Das war beinah unvermeidlich, weil er ein Zwilling war. Sein ganzes Leben lang wurden sein Bruder Esau und er miteinander verglichen, einander gegenübergestellt, geliebt oder zurückgewiesen, und zwar nicht aufgrund ihres eigenen Verhaltens, sondern immer im Vergleich mit dem jeweils anderen.

Ich habe eine Freundin, die auch ein Zwilling ist, und sie berichtet, dass ihre gesamte Kindheit und Jugend von Vergleichen beherrscht waren. Im Grunde hätten ihre Schwester und sie gar keine eigene Identität, weil sie immer nur als „die Zwillinge" betrachtet wurden. Ständig trafen Menschen Urteile darüber, wer von beiden dünner, schneller, klüger, freundlicher und größer sei. Die beiden teilten sich ein Zimmer und ihre Freunde – genau, wie sie sich schon zu Beginn ihres Lebens den Mutterleib geteilt hatten. Hier waren Vergleichen und Rivalität nicht nur eine Neigung, sondern machten im Grunde ihr gesamtes Leben aus.

Aber Jakob und Esau und die erwähnten Zwillinge sind nicht die Einzigen auf der Welt, in deren Leben das Vergleichen eine beherrschende Rolle spielt. Im Grunde sind wir davon alle betroffen, denn unsere Kultur beruht ja zu einem großen Teil auf Vergleichen. Wir lieben Wertungstabellen und Rangfolgen, und wenn wir gerade glauben, dass wir endlich das Ziel erreicht haben, dann verschiebt es sich.

Größer, höher, besser ...

Jakob maß seinen Erfolg daran, inwieweit er die Erwartungen anderer erfüllte. Wenn er nicht so gut war wie sein Bruder, war er ein Versager. Schnitt er besser ab, war alles gut, und er empfand sich als Erfolg.

Diese Haltung meint der Schriftsteller C.S. Lewis, wenn er schreibt, dass sich unser Stolz meist nicht auf das bezieht, was wir haben, sondern darauf, mehr zu haben als jemand anderes.[13] Es genügt nicht, nur dünn zu sein, sondern wir müssen dünner sein als die anderen. Es reicht nicht, muskulös zu sein, sondern wir müssen muskulöser sein als der andere. Wir müssen reicher, klüger, beliebter und tüchtiger sein.

Das ist das Problem.

Immer wenn unser drittes Wort ein Vergleich ist, jedes Mal, wenn es aus einer Steigerungsform besteht, dann sollten in unserem Kopf alle Signallampen angehen und die Sirenen aufheulen.

Ich bin reicher.

Ich bin schneller.

Ich bin hübscher.

Ich bin einflussreicher.

Ich bin geistlich weiter.

Das ist nicht die Art von dritten Wörtern, die wir brauchen. Seit wann ist es denn automatisch ein Erfolg, größer, besser oder schlechter zu sein?

Wenn wir vergleichen müssen, um unseren Wert zu erkennen, dann bedeutet das immer, dass wir uns unseres Wertes nicht sicher sind. Und es ist ein verräterisches Zeichen dafür, dass etwas mit unserem Wertesystem nicht stimmt.

Und so verhalten wir uns öfter, als uns bewusst ist. Unsere dritten Wörter hängen oft von anderen ab. Wir beurteilen und bewerten uns selbst, indem wir uns mit Menschen vergleichen, die wir kennen.

Manchmal vergleichen wir uns mit Leuten, die schlechter dastehen, um zu beweisen, wie toll wir selbst sind. Oder wir vergleichen uns mit Menschen, die besser sind, um uns in Selbstmitleid zu suhlen. Aber weder das eine noch das andere Extrem sind schlüssig oder präzise, und beide zersetzen uns innerlich.

Das erste führt oft zu Selbstgefälligkeit. Wenn ich mir jemanden anschaue und merke, dass ich in irgendetwas besser bin als diese Person, dann besteht die große Gefahr zu glauben, dass ich es auf diesem Gebiet geschafft habe und jetzt aufhören kann, mich weiterzuentwickeln. Aber vielleicht bin ich ja von Gott zu viel mehr berufen. Vielleicht hat er mir ja viel mehr Fähigkeiten geschenkt.

Und das zweite Extrem führt leicht zu Verurteilung. Wenn ich auf die Leistungen, das geistliche Leben oder die Talente anderer schaue und feststelle, dass ich nicht an sie heranreiche, dann kann das dazu führen, dass ich am Ende mutlos werde und gar nicht mehr weiß, wer ich eigentlich bin. Es kann sein, dass ich mich dann unfähig fühle, obwohl Gott voll und ganz zufrieden und absolut glücklich über mich ist.

Außerdem ist das Vergleichen etwas völlig Relatives und Subjektives. Finden Sie, dass Sie in irgendetwas richtig gut sind? Das ist großartig, aber bedenken Sie dabei, dass es auf diesem Planeten über sieben Milliarden Menschen gibt und deshalb die Wahrscheinlichkeit groß ist, dass es ein paar *Millionen* Menschen gibt, die auf Ihrem Spezialgebiet besser sind als Sie.

Ich habe einen Freund, der jeden Sommer mit seiner Frau drei Wochen segeln geht. Für mich wäre das die Hölle. Nicht die Frau – natürlich nicht –, aber meine drei Wochen Urlaub auf einem Boot zu verbringen. Jedem das Seine, aber meins wäre das nicht.

Doch meinem Freund gefällt das. Und er berichtet, dass etwas Interessantes passiert, wenn er mit seinem Boot in See sticht: „Weißt du, jedes Mal, wenn es losgeht, denke ich, was für ein Geschenk es ist, drei Wochen frei zu haben, mit einer Frau verheiratet zu sein, mit der ich diese drei Wochen gern verbringe, und ein reizendes kleines Boot zu besitzen. Aber jedes Mal treffe ich jemanden, dessen Boot so toll ist, dass schon allein das Rettungsboot größer ist als mein gesamtes Boot und der Eigentümer außerdem nicht nur drei Wochen Urlaub hat, sondern sein Leben lang nie wieder zu arbeiten braucht."

Und besonders der letzte Satz, den er sagte, blieb bei mir hängen, nämlich: „Es ist nun mal so, dass es immer jemanden mit einem besseren Boot gibt."

Bei dem gerade beschriebenen Szenario denken Sie vielleicht: „Luxusprobleme", aber es ist einfach nur ein Bild, um zu veranschaulichen, dass so „-er" Sie auch sind oder werden, es immer jemanden gibt, der „noch -er" ist.

Und die Kehrseite ist, dass es auch immer jemanden gibt, der noch schlechter dran ist, so schlimm es auch um Sie stehen mag. Es gibt immer jemanden, der alles dafür geben würde, an Ihrer Stelle zu sein und Ihre Stärken zu haben. Ich habe in unserer Gemeinde einmal gesagt, dass es immer jemanden gibt, der darum betet, unsere Probleme zu haben.

Vergleichen ist ein lautloser Killer. Es raubt uns die Freude und schwächt unsere Beziehungen. Es bewirkt, dass wir Dinge kritisieren, die wir eigentlich feiern sollten, dass wir Menschen ablehnen, von denen wir eigentlich lernen sollten, und dass wir Ideen ablehnen, auf die wir uns unbedingt einlassen sollten.

Wie Gott uns als Person sieht, hängt nicht von anderen Leuten ab. Er zieht nicht das Scheitern oder Versagen anderer hinzu, damit wir uns besser fühlen. Er knüpft unseren Erfolg oder seine Zustimmung nicht an die Leistungen der Menschen aus unserem Umfeld.

Die dritten Wörter Gottes ergeben sich aus seiner göttlichen Sicht von unserem Leben. Er weiß, wer wir sind und wozu wir fähig sind, und er wertschätzt uns genau so, wie wir sind. Er weiß, wie viele Talente er uns geschenkt hat, damit wir sie vermehren und wieder in die Welt um uns her investieren.

Es lohnt sich zu beachten, dass die Kultur des Vergleichens nicht auf das Pinterest-Zeitalter beschränkt ist, sondern dass es sie schon seit Jahrtausenden gibt. Diese Kultur ist die ganz natürliche Folge menschlicher Unsicherheit und menschlichen Stolzes.

Paulus musste in der Gemeinde von Korinth sehr deutlich diese Unsitte des Vergleichens ansprechen. Es waren nämlich Irrlehrer in die Gemeinde gekommen, die die Botschaft von Paulus unterwanderten. Diese Leute versuchten, die Korinther davon zu überzeugen, dass sie fähiger waren als Paulus und dass die Gemeinde lieber auf ihre Lehren hören sollte als auf die des Apostels.

Das gefiel Paulus natürlich gar nicht, und zwar nicht, dass er sich rechtfertigen oder verteidigen musste, sondern er konnte nicht zulassen, dass Menschen, die er liebte, in die Irre geführt wurden und in eine geistliche Gefangenschaft gerieten, weil sie Opfer eines geistlichen Vergleichens wurden.

Deshalb schrieb Paulus an die Gemeinde: „Wir würden es natürlich niemals wagen, uns mit denen zu vergleichen, die sich überall selbst empfehlen, oder uns gar auf eine Stufe mit ihnen zu stellen. Wie unverständig sie doch sind! Sie richten ihre eigenen Maßstäbe auf, um sich dann selbst daran zu messen" (2. Korinther 10,12, Hoffnung für alle).

Und mit „unverständig" meinte er „richtig dumm". Die Wahrheit, die er hier formuliert, gilt für alle Lebensbereiche, nicht nur für den der geistlichen Lehre. Uns mit anderen zu vergleichen und uns an anderen zu messen ist völlig unsinnig. Es beweist nichts und bringt nicht das Geringste.

Wie definieren Sie Erfolg? Woher wissen Sie, ob und wann Sie qualifiziert sind? Sind Sie stolz darauf und gefällt es Ihnen, einfach nur Sie selbst zu sein, die Person zu werden, als die Gott Sie gedacht hat? Oder vergleichen Sie sich ständig mit jemandem in Ihrem Umfeld – oder vielleicht sogar mit jedem in Ihrem Umfeld?

Wie reagieren Sie, wenn Menschen in Ihrem Umfeld Erfolg haben? Gratulieren Sie ihnen und feiern von ganzem Herzen mit? Oder mutmaßen Sie insgeheim, dass deren Leistungen ein Beweis für Ihre eigene Unzulänglichkeit sind?

Eine Freundin von mir bekam kürzlich Besuch von ihrer Schwester. Die zeigte auf eine der Weihnachtskarten, die am Kühlschrank meiner Freundin hingen, und fragte: „Wer ist denn das da?"

„Ach, das ist meine Freundin Amy", antwortete meine Freundin.

„Oh nein“, meinte daraufhin die Schwester, „ich würde ja keine Freundin haben wollen, die so hübsch ist.“

Das ist jetzt schon ein paar Jahre her, aber die Schwester fragt meine Freundin bis heute jedes Mal, wenn sie sich sehen: „Und ... wie geht es der schönen Amy?“ Dabei kennt sie sie bis heute nicht persönlich.

Einmal abgesehen von der offensichtlichen Lektion, dass man nicht alles aussprechen muss, was man denkt, offenbart diese Denkweise ziemlich deutlich, wie wir ticken.

Gott möchte, dass wir die Freiheit entdecken, ganz und gar wir selbst zu sein und jenseits von Vergleichen zu leben. Er möchte, dass wir unsere Identität und Sicherheit nicht darin finden, wie wir im Vergleich mit Menschen aus unserem Umfeld abschneiden, sondern in der Beziehung zu ihm.

Vor Oprah kann man sich nicht verstecken

Vergleichen führt unweigerlich zu Konkurrenzdenken, dafür gibt es kaum ein besseres Beispiel als die Zwillingsbrüder Jakob und Esau. Ihr Leben lang konkurrierten sie miteinander um den Segen, um das Recht des Erstgeborenen und um die Anerkennung der Eltern, und ihre Geschwisterrivalität erreichte ein im wahrsten Sinne geradezu mörderisches Ausmaß. Und selbst nachdem sie jahrzehntelang getrennt waren, verschwanden Misstrauen und Täuschung nie ganz.

Ich habe ja schon erwähnt, dass Jakob auf dem Rückweg in seine Heimat war, als er mit dem Engel kämpfte. Jakob hatte Angst, denn ihm war klar, dass er mit seinen Sünden von früher konfrontiert werden würde, die er gegen seinen Bruder Esau begangen hatte, und er fürchtete, sein Bruder würde sich rächen und versuchen, ihn und seine ganze Familie umzubringen.

Jakob hatte also im Rücken seinen Onkel Laban und vor sich seinen Zwillingsbruder Esau. Beide waren nicht besonders gut auf ihn zu sprechen, und die Beziehung zu beiden war im Grunde durch Manipulation und Rivalität zerstört worden.

Jakob saß also zwischen den Stühlen, mitten im hausgemachten Chaos. Er hatte zwar mittlerweile unermesslichen Reichtum angehäuft, hatte Frauen, Kinder und genoss großes Ansehen, er war größer und besser als alle anderen in seinem Leben, aber in der Nacht, als ihn der Engel fand, hatte er Angst und war allein und verletzlich.

Genau das ist das Resultat eines Lebens, in dem es nur um Rivalität und Konkurrenz geht.

Konkurrenz an sich ist ja noch gar nichts Schlimmes und kann sich bis zu einem gewissen Grad sogar positiv auswirken.

Paulus schreibt auch nicht nur, dass man das Vergleichen lassen soll, sondern er benutzt auch das Bild von dem Wettrennen, bei dem man versuchen soll, den Siegerpreis zu erlangen. Entscheidend im Zusammenhang mit Konkurrenz ist, dass sie sich auf das richtige Ziel bezieht und nicht aus dem Ruder läuft. Bei aller Konkurrenz und Rivalität dürfen wir uns nicht selbst verlieren.

Zu den berühmtesten Wettkämpfern der jüngsten Geschichte gehört die Radfahrlegende Lance Armstrong, der siebenmal hintereinander die Tour de France gewonnen hat. Während seiner gesamten Karriere gab es Dopingvorwürfe gegen Armstrong, die er allerdings immer bestritt, und wiederholte Ermittlungen konnten den Verdacht auch nicht erhärten. Schließlich konnte ihm dann aber doch Doping nachgewiesen werden, und ihm wurden sämtliche Titel aberkannt.

In einem Interview mit Oprah gab er zum ersten Mal zu, dass er gedopt hatte – ein Beweis dafür, dass man sich zwar vor der Regierung und den Medien verstecken kann, aber nicht vor Oprah.[14]

Ich will hier gar nicht Lance Armstrong kritisieren, und ich bin absolut nicht in der Position, mit Steinen zu werfen. Wohl niemand möchte ständig von Menschen verfolgt werden, die versuchen, einem eine Lüge nachzuweisen. Außerdem habe ich nicht mehr auf einem Fahrrad gesessen, seit ich vierzehn war (außer einmal in Brooklyn, und da hat mich mein Freund Carlos beinah umgebracht), ich bin also kein Experte in Sachen Radfahren. Was mich jedoch an dem Interview wirklich gefesselt hat, war der Gedanke, dass da ein Mensch mit extremem Konkurrenzdenken saß, dem alles, worum er je konkurriert hat, genommen worden war.

In dem Interview fragte Oprah Lance Armstrong, ob er glaube, dass er auch ohne Doping siebenmal die Tour de France hätte gewinnen können, und er antwortete: „Nicht in der Generation ... ich habe diese Doping-Kultur nicht erfunden, aber ich habe auch nicht versucht, diese Kultur zu beenden, und das ist mein Fehler, das ist es, was mir leidtun muss."

Und weiter sagte er: „Mein unbändiger Siegeswille hat mir auf dem Fahrrad gute Dienste geleistet, aber das Ausmaß, das dieser Wille – aus welchem Grund auch immer – angenommen hat, war verhängnisvoll. Dieses Verlangen, diese Einstellung, diese Arroganz."[15]

In dem Gespräch wurde deutlich, dass Doping für Armstrong genauso notwendig war, wie Luft in seine Reifen zu pumpen und seine Wasserflasche zu füllen, wenn er gewinnen wollte. Jeder tat es doch, also sorgte er nur für gleiche Voraussetzungen und damit gerechte Bedingungen.

Dann stellte ihm Oprah Fragen zu den dreizehn Jahren voller Lügen und Vertuschungen, und er berichtete, dass die Lügen einfach immer mehr Fahrt aufgenommen hätten, sodass ihm letztlich gar nichts anderes mehr übrig geblieben wäre, als weiter zu lügen. Der Druck, vor seinen Fans und den Medien das perfekte Bild aufrechtzuerhalten, sei einfach zu groß gewesen. „Ich habe mich in alldem völlig verloren“, gestand er.[16]

Ich habe mich verloren. Das ist der entscheidende Satz. Ich möchte mich in meinem Streben nach Erfolg und Siegen nicht selbst verlieren. Ich möchte in meinem Streben nach immer mehr Status nicht das aufs Spiel setzen oder gar opfern, was wirklich wichtig ist.

Konkurrenzkampf und Vergleichen scheinen vielleicht harmlos und machen ja manchmal sogar eine Zeit lang Spaß, aber sie haben ihre ganz eigene Art, uns einzuholen und in den Hintern zu kneifen. Wenn wir uns darüber definieren, wie weit wir der Meute voraus sind, dann schaffen wir dadurch die besten Voraussetzungen, zu scheitern. Früher oder später treffen wir auf jemanden, der besser ist als wir, auf ein größeres Boot, eine hübschere Amy. Das bringt unser Selbstbild zum Einsturz, und wir schleichen uns entweder besiegt von dannen, oder wir fletschen die Zähne und beißen so lange um uns, bis wir unseren Status wiederhaben.

Bitte hören Sie jetzt genau zu: Wie werden niemals „so viel besser“ genug als die anderen, dass wir ganz sicher sind.

Nie.

Wir werden diejenigen abwehren müssen, die die ersten Plätze innehaben. Wir werden jeden Menschen in unserem Umfeld als Konkurrenten betrachten, und wir werden alles tun, um unsere Führungsposition zu verteidigen. Und während wir damit beschäftigt sind, werden wir unendlich viel Segen verpassen.

Lance Armstrong hatte damals das Gefühl, keine andere Wahl zu haben und betrügen zu müssen, weil das in seinem Umfeld und seinem Sport alle taten; allerdings mit der Folge, dass er dafür genau das opferte, wofür er all die Jahre so hart gearbeitet hatte. Er verlor seine Siege, seinen Ruf und die Kontrolle. Er verlor sich selbst.

Wie sieht es bei uns aus? Sind wir auch getrieben von einer Kultur des Konkurrenzdenkens und der Rivalität, die von uns verlangt, uns selbst zu verraten und zu verlieren, um zu gewinnen? Ist der Druck zu funktionieren und produktiv zu sein wirklich so groß, dass wir ihm nicht widerstehen können? Oder ist es möglich, Erfüllung in Jesus zu finden? Ist es möglich, ein heiliges Selbstvertrauen zu haben, das nicht von der Meinung anderer abhängt?

Voll davon

Die Antwort auf die Stimmen, die unablässig vergleichen und rivalisieren, besteht darin, Gott zu kennen, der uns bestätigt und bejaht und befähigt.

Mein Therapeut hat immer gesagt, es bedeutet, Gott immer

wieder, auch wenn es tausendmal am Tag sein muss, die Frage zu stellen: „Sind wir gut so?“, die Bestätigung „Wir sind gut so“ zu inhalieren und seiner Beurteilung mit einem „Dann bin ich gut!“ zuzustimmen.

Paulus sagt zu den Kolossern: „Nur in Christus ist Gott wirklich zu finden, denn in ihm lebt er in seiner ganzen Fülle, und ihr seid erfüllt durch ihn, der das Haupt aller Mächte und Gewalten ist“ (Kolosser 2,9-10, Luther).

Es fällt uns als Christen vielleicht nicht schwer, Vers 9 zu glauben. Wir wissen, dass Jesus der Mensch gewordene Gott ist, und zwar so sehr, dass er zu seinen Jüngern sagt: „Wer mich sieht, der sieht den Vater“ (Johannes 14,9). Alles, was in Gott ist – von der Zeit an, als er die Erde erschuf –, wird in der Person Jesu erkennbar. Jesus war ohne Sünde und damit absolut gerecht.

Vers 10 zu glauben, nämlich, dass wir in Christus die Fülle haben, ist jedoch häufig ein Problem für uns. Doch Vers 9 über Jesus kann nur dann wahr sein, wenn auch Vers 10 über uns wahr ist. Und sie stehen beide da, in derselben Bibel.

Im Wesentlichen sagt Paulus hier: „Lasst euch von mir sagen, wie erfüllt und vollkommen Jesus ist“, um dann im selben Atemzug fortzufahren: „Und lasst euch von mir sagen, wie erfüllt und vollkommen ihr seid.“

Er hält zwischen den beiden Aussagen nicht inne oder macht eine Pause. Er schränkt die Aussage nicht ein oder relativiert sie, sondern im Zusammenhang mit dem Glanz von Jesus proklamiert er auch unsere Fülle – Ihre und meine.

Das ist das Gegenmittel gegen die Snapchat-Gesellschaft, in der wir dafür sorgen müssen, dass unser Leben für zehn Sekunden interessant aussieht, damit alle glauben, wir hätten jede Menge Spaß.

Gott möchte eine andere Realität in unser Leben hineinsprechen. Er möchte, dass wir erfahren und glauben, dass uns in Jesus die Fülle geschenkt ist. Sie ist da, vollbracht, und nichts kann daran mehr etwas ändern.

Das ist der Todesstoß für den Geist der Rivalität und des Konkurrenzdenkens, von dem unser Leben beherrscht wird, wenn wir von Jesus getrennt sind. Wenn ich die Fülle in Christus habe, wenn ich in Christus alles habe, was Gott hat, wenn ich voller Liebe und Freude und Bestätigung und Segen und Kraft und voller Jesus bin, dann besteht gar kein Grund zum Vergleichen und Rivalisieren.

Wenn ich erfüllt bin von Jesus, und Jesus ist erfüllt von Gott, was muss ich denn dann noch irgendjemandem beweisen? Und was müssen Sie beweisen?

Gar nichts.

Das ist die Freiheit, die wir in Jesus haben. Das ist die Sicherheit, die wir haben, wenn es Gott ist, durch den wir fähig sind. Auf diese Weise sind wir gleichzeitig unfähig und fähig. In den Augen der Welt sind wir zwar unfähig, aber durch Jesus werden wir für mehr als fähig erklärt.

Ich persönlich stelle mir immer eine kleine Reihe von Fragen, wenn ich merke, dass sich bei mir Konkurrenzdenken und Rivalität einschleichen, und das passiert mir nicht nur bei den großen Dingen des Lebens. Manchmal merke ich es in einem ganz beliebigen Gespräch. Plötzlich habe ich das Bedürfnis, eine Geschichte zu erzählen, die besser und spektakulärer ist als die Geschichte, die gerade jemand anders erzählt hat. Ich merke, wie ich versuche, zu demonstrieren, wie wichtig und bedeutsam ich bin, statt die Wichtigkeit und Bedeutung des anderen zu bestätigen und mich darüber zu freuen. Ich merke dann, wie ich mich innerlich freue, dass jemand anders zu kämpfen hat, weil sich dann mein eigener Kampf nicht mehr ganz so schlimm anfühlt, und in dem Moment wird mir klar, dass ich wieder einmal in die Falle des Vergleichens getappt bin.

Hier ein paar Fragen, die ich mir stelle, um wieder aus dieser Umlaufbahn herauszukommen.

Was will ich eigentlich beweisen?

Wem will ich etwas beweisen?

Wozu will ich es beweisen?

Diese Fragen bringen mich dazu nachzudenken und durchbrechen mein Rivalitätsverhalten und Konkurrenzdenken.

Ein Beispiel: Was will ich eigentlich beweisen, wenn ich jemandem sage, wie groß meine Gemeinde ist? Meinen Wert? Meine Berufung? Meine Bedeutung? Wie fähig ich bin?

„Du hast eine große Gemeinde. Herzlichen Glückwunsch. Toll."

Normalerweise ist es so, dass mich etwa eine halbe Minute, nachdem ich so etwas gesagt habe, eine Welle von Selbstekel erfasst, weil mir klarwird, wie fleischlich und oberflächlich meine Motive sind.

Was hat es gerade gebracht, die Größe meiner Gemeinde hervorzuheben? Was haben wir – mein Gesprächspartner und ich – von diesem Gespräch gehabt? Und was hat mich überhaupt veranlasst, die Größe meiner Gemeinde in das Gespräch einzuflechten?

Wahre Freiheit in Christus ist doch dann vorhanden, wenn

uns klarwird, dass wir niemandem etwas zu beweisen brauchen, weil Gott uns durch Christus absolut bejaht.

Und das erfährt man übrigens nicht nur einmal im Leben. Deshalb wiederhole ich es auch im Laufe dieses Buches immer wieder. Das Leben hat seine ganz eigene Art, unsere Sicherheit und unser Vertrauen in Jesus auf den Prüfstand zu stellen. Das einzige, wodurch man meiner Meinung nach das Verderben ständigen Vergleichens verhindern kann, das unsere Seele langsam zersetzt, ist zurückzukehren zu der einfachen Tatsache, dass nur Gott allein uns befähigen und dafür sorgen kann, dass wir qualifiziert sind.

Die Versuchung, sich ständig selbst zu beweisen, verschwindet nicht dadurch, dass man auf der Erfolgsleiter immer höher klettert, sondern im Gegenteil, sie wird dadurch noch verstärkt, und die Vorstellung abzustürzen wird immer erschreckender. Den Druck, sich anzupassen, Leistung zu bringen und den gesetzten Maßstäben zu entsprechen, wird es immer geben, aber Gott kann eine Fülle schenken, die uns niemand nehmen kann. Ohne diese Fülle fühlen wir uns immer leer, egal, wie viel wir produzieren oder konsumieren. Wir bekommen vielleicht jede Menge Trophäen, verbreiten aber trotzdem eher eine seichte Oberflächlichkeit. Wir verlieren uns selbst auf der Suche nach der Fülle, die Jesus uns schon geschenkt hat.

Was versuchen Sie zu beweisen? Wem versuchen Sie etwas zu beweisen? Und warum versuchen Sie, etwas zu beweisen?

Zu versuchen, jemandem etwas zu beweisen – egal, wem –, ist reine Zeitverschwendung. Das ist eine steile These, aber sie ist wahr. Wenn die Menschen, die Sie beeindrucken möchten, Sie sowieso schon lieben und akzeptieren, dann ist es doch wirklich reine Zeitverschwendung. Und wenn diejenigen, die Sie beeindrucken wollen, Sie nicht lieben, dann ist es auch Zeitverschwendung, denn was haben Sie davon, deren Zustimmung zu gewinnen? Wenn Sie sich die Liebe dieser Leute erst verdienen müssen, dann lieben sie Sie nicht wirklich.

Als Pastor und Prediger stehe ich in der Öffentlichkeit, und ich möchte an dieser Stelle ganz offen sein: Zu den Herausforderungen, mit denen ich permanent konfrontiert bin, gehört unter anderem, mir keine Gedanken darüber zu machen, ob die Leute mich mögen. Während ich dabei bin, Menschen dabei zu helfen, von Gott zu erfahren, fängt nämlich ständig eine leise Stimme in meinem Kopf an zu reden und sagt: *Ich frage mich, was sie wohl über mich denken. Ob sie mich wohl klug finden? Ob sie mich witzig finden? Ob sie mich für gesalbt und qualifiziert halten?*

Das lenkt ungemein ab und ist teuflisch und zerstörerisch. Tatsache ist, dass ich den Blick der Leute nicht auf mich, sondern auf Jesus lenken möchte, aber dabei stehe ich mir manchmal selbst im Weg.

Ich mache mir oft Sorgen und hinterfrage mich und arbeite so, als wäre die Meinung der Leute letztlich das, was mich qualifiziert. Aber das ist völliger Wahnsinn. Wieso sollte ich versuchen, von jemandem eine Medaille zu bekommen, der/die gar nicht die Befugnis hat, sie zu verleihen? Solche Medaillen werden einem auf dem Siegerpodest der Ewigkeit aberkannt und wieder weggenommen. Wozu sollen sie also gut sein?

Sie sprechen vielleicht nicht vor vielen Menschen, aber ich wette, dass Sie diesen Druck, anderen zu gefallen, auch kennen. Dass Sie den gleichen Druck empfinden, die willkürlichen und oft unausgesprochenen Erwartungen und Maßstäbe der Leute zu erfüllen.

Kürzlich hat mir Gott dazu einen sehr befreienden Gedanken geschenkt. Als ich mich auf einen Dienst in einer Gruppe von Leuten vorbereitete und mir Sorgen darüber machte, ob ich wohl gut ankommen und ihrer Vorstellung entsprechen würde, war es, als ob Gott zu mir sagte:

Ich habe dich nicht hierhergebracht, damit du ihre Erwartungen erfüllst.

Ich habe dich hierhergebracht, damit du mein Mund bist.

Mein einziges Ziel ist es, ein möglichst genaues Abbild seines Bildes in mir zu sein. Das ist alles, was ich tun kann, und das genügt.

Denn selbst, wenn wir uns irgendwelchen Menschen beweisen, was genau hätten wir dadurch gewonnen? Wenn sie beschließen, uns zu mögen, dann kostet es genauso viel Arbeit, uns ihre Gunst zu sichern und zu bewahren, wie es gekostet hat, sie zu erlangen – vielleicht sogar noch mehr. Was hätten wir also gewonnen?

Stellen Sie sich den Gedankengang dieser Leute vor. *Herzlichen Glückwunsch. Jetzt kannst du mich weiterhin beeindrucken, damit ich dich weiter für einen besonders guten Menschen halten kann. Es sein denn, ich ändere meinen Maßstab, was ich ohne Vorwarnung tun werde. Dann musst du wieder ganz von vorn anfangen.*

Es muss sich etwas ändern. Wir können nicht unser ganzes Leben damit verbringen zu hoffen, dass die Menschen uns mögen, sondern wir müssen unsere Erfüllung in Jesus finden. Wenn wir von Jesus erfüllt sind und jemand uns nicht mag, dann ist er es, dem etwas entgeht – nämlich all das, was Gott in uns hineingelegt hat.

Das klingt vielleicht arrogant, aber ich will damit nur sagen, dass wir durch Jesus vollständig sind. Ich will damit sagen, dass wir uns seiner Berufung sicher sein können. Ich will damit sagen, dass wir zufrieden sein sollen mit den Gaben und Fähigkeiten, die er uns geschenkt hat, statt uns mit anderen zu vergleichen.

Wenn man weiß, dass man berufen ist, dann handelt und redet man nicht mehr, um Beifall zu bekommen, sondern man möchte nur die Bestätigung des himmlischen Vaters, der einen auch dann noch liebt, wenn man pleite ist, sexuell gestört oder scheinbar unlösbare Probleme hat.

Wenn man diese Bestätigung von jemandem bekommt, der einen durch und durch kennt und trotzdem liebt, dann gibt es auf der Welt keine Medaille, die groß oder glänzend genug wäre, um eine Versuchung darzustellen. Der Geist des Vergleichens und der Konkurrenz ist dann gebrochen, weil man weiß, dass man zu etwas Höherem berufen ist.

Was versuchen wir also zu beweisen?

Wir sind doch schon bejaht. Wir sind bereits qualifiziert.

Erst der Anfang

Wahre Freiheit in Jesus ist erst dann vorhanden, wenn uns klargeworden ist, dass wir ohne ihn geistlich bankrott sind, aber durch ihn alles haben. Diese Wahrheit verkünden wir tagtäglich in jeder Situation. Das glauben wir, egal, was unser Gefühl oder die Umstände versuchen, uns weiszumachen, wie gut oder schlecht wir uns fühlen oder welche Erfolge und welches Scheitern wir gerade erleben. Worauf es ankommt, ist, dass wir in Gott vollständig sind.

Wenn wir selbst leer sind, können wir unsere Leere nicht selbst füllen. Nur Jesus kann das. Nur Jesus kann uns befähigen. Und wenn er das tut, dann sind wir qualifiziert auf eine Weise, die uns niemand wieder nehmen kann.

Wenn wir als Ausgangspunkt diese Fülle und Vollständigkeit in Jesus haben, dann verändert sich alles. Die Zustimmung Gottes und die Berufung durch ihn machen uns fähig, ein neues Leben zu führen.

Erstens sind wir dann frei, wirklich zu lieben, und zwar nicht mit der leeren und kurzlebigen Liebe, die die Welt bietet, der Liebe, die auf Leistung und Fähigkeit beruht, sondern mit der bedingungslosen Liebe, die Gott uns schenkt. Wir sind berufen, diese Liebe weiterzugeben und zu teilen.

Und zweitens sind wir dann auch frei, dem Herrn wirklich zu dienen. Nicht aus Angst, dass Gott uns sonst zurückweist, sondern weil wir überfließen vor Dankbarkeit für all das, was er für uns getan hat. Es ist unsere nicht erzwungene und ganz natürliche Reaktion auf Gottes Güte.

Und drittens sind wir dann frei, Erfolg zu haben. Gott freut sich über unsere Erfolge und Stärken, aber noch glücklicher ist er darüber, dass er unser Schatz ist, unser Freund und die Quelle und der Ursprung unserer Erfüllung. Der beste Weg, erfolgreich, bejaht und erfüllt zu sein, besteht darin, so voll von Gott zu sein, dass wir den Erfolg gar nicht brauchen.

In Jesus ist uns ganz und gar vergeben. Wir sind von aller

Scham und Verdammung befreit. Wir sind von Gott vollkommen geliebt und angenommen, und wir sind geborgen in der Tatsache, dass wir von ihm berufen sind.

Im Vergleich dazu verschwinden unsere Schwächen und Unsicherheiten. Gott ist für uns, deshalb kann uns nichts besiegen. Wir brauchen nicht einen einzigen Tag mehr damit zu verbringen, uns selbst zu beweisen, weil wir das Ja von Gott ja schon haben durch das Geschenk, dass Jesus ohne Sünde war.

Sind Sie bereit, zu akzeptieren, wer Sie sind, um zu werden, wozu Gott Sie berufen hat? Sind Sie bereit, aufzuhören, nach Anerkennung zu streben, und stattdessen Gott zu vertrauen, dem, der Sie fähig macht?

Wenn ja, dann ist das erst der Anfang.

ZWÖLF

Das Ziel erreichen

Ein paarmal im Jahr biete ich einen Kurs mit dem Titel „Generation“ für eine kleine Gruppe von Schülern in unserer Gemeinde an. Während der Kursstunden bitte ich die jungen Teilnehmer, mir beizubringen, wie man so richtig cool klingt.

Die Hoffnung, *tatsächlich cool zu sein*, habe ich inzwischen nämlich längst aufgegeben – denn ich bin Ende dreißig und damit für meine Schüler im Grunde prähistorisch –, aber es ist eine gute Möglichkeit, nicht nur in Kontakt, sondern sogar ins Gespräch zu kommen. Und wenn die Kids mir helfen können, cool zu klingen, zumindest ab und zu mal, dann ist das doch eine Win-win-Situation, oder?

Ich sage also: „Hey, Leute, ich brauche mal ein Wortschatz-Update. Meine Kinder sind noch keine Teenager, also, wie reden die Kids heutzutage?“

Ich hätte nie gedacht, dass ich mal den Ausdruck „Kids heutzutage“ benutzen würde. Es ist schon irgendwie deprimierend.

Eine meiner letzten Generationen-Gruppen hat in der Beziehung „hip sein“ ziemlich viel gebracht. Die Teilnehmer haben mir beispielsweise die korrekte Benutzung von *Bae* beigebracht und mir auch die Bedeutung des Begriffs *on fleek* erklärt.

„Benutzt den Ausdruck doch mal im Zusammenhang. Ich kapier es nicht“, bat ich sie.

Darauf antwortete jemand: „Okay, deine Sneakers sind on fleek.“

„Ach so, es heißt also crazy“, worauf ich nur ein „Hä?“ zu hören bekam und dachte: *Wow, ich bin wirklich alt.*

Dann meldete sich ein anderer Teilnehmer und kam mit einem weiteren „hippen“ Ausdruck: „Goals.“

Ich fragte: „Goals? Ziele? Findest du, dass das ein neues Wort ist? Komm schon, Junge, so alt bin ich nun auch wieder nicht ...“

„Nein, nein“, entgegnete er. „Ich meine das Hashtag. Die Leute benutzen es für alles Mögliche. Man kann alles Mögliche mit diesem Hashtag versehen. Du weißt schon ... Hashtag *goals.*“ Ich war fasziniert und suchte deshalb dieses Hashtag auf Instagram. Der Schüler hatte recht. Es war überall zu finden.

Dann beschloss ich, eine etwas offiziellere Recherche über dieses Hashtag zu starten, ein Schritt, der an sich schon uncool war, aber irgendwo muss man ja anfangen. Dabei stieß ich sogar auf einen Artikel in der Zeitschrift *Elle* über diesen Trend (meine Coolness hatte ich jetzt schon an der Garderobe abgegeben, wieso da nicht auch gleich noch meine Männlichkeit?). Die Autorin Justine Hartman gab in dem Artikel eine großartige Erkenntnis und Erklärung weiter.

Der Trendbegriff [#goals], der sich auch gerne mit Vorsilben wie „Leben“, „Körper“, „Haar“, „Team“ und „Beziehung“ zusammentut, ist augenzwinkernd, träge und bewusst selbstironisch gemeint. Ein „goal“ ist in diesem Zusammenhang etwas Nachahmenswertes, aber auch Absonderliches, eine vermeintlich unerreichbare Lebensqualität.[17]

Hier ein Beispiel für das, was sie beschreibt. Nehmen wir einmal an, Sie sehen ein Bild von Jay-Z und Beyoncé, wie sie unter einer Decke aus organischem Zebrafell zusammengekuschelt in ihrem Privatjet unterwegs sind. So ein Foto könnte man mit dem Hashtag „goals" versehen.

Es ist eine Art, gleichzeitig „Ja, klar, so bescheuert" und gleichzeitig „Ich wünschte, das hätte ich auch" zu sagen.

Und das führte bei mir zu der Frage: *Ist das nicht eine gefährliche Verdrehung des eigentlichen Sinns eines Zieles?*

Ich weiß ja, dass diese Art, den Begriff zu benutzen, spielerisch und augenzwinkernd gemeint ist, und was ich hier sagen will, hat ganz sicher nichts mit Wettern gegen „die Jugend von heute" zu tun, aber die Aussage in der Elle hat mich nachdenklich gemacht. Das #goals-Phänomen im Internet ist ein tragischer Kommentar zu unserem Umgang mit Zielen, von denen wir glauben, dass sie für uns unerreichbar sind. Es zeigt, dass viele Menschen innerlich und emotional reagieren, wenn sie vergleichen, wo sie gerade sind und wo sie gerne wären. Unsere nicht erreichten Ziele werden zu Stimmen, zu Kommentaren über unser Versagen und erinnern uns daran, dass wir eben nicht gut genug sind – und es auch nie sein werden.

Ist nicht die Verbreitung des albernen #goals nur eine moderne Ausdrucksform des Kampfes, den schon Jakob führte? Er wusste nicht, wie er die Kluft zwischen dem, wer er war, und dem, wer er sein wollte, schließen oder überbrücken sollte. Vom Mutterleib an hatte er Ziele, die im wahrsten Sinne außerhalb seiner Reichweite lagen. Er wusste, dass er zu Großem berufen war, zu Reichtum und Einfluss, aber er war der Zweitgeborene. Er war der kleine Fiesling, der unterschätzte Streber.

Wie wir ja schon festgestellt haben, verbrachte er Jahrzehnte damit zu täuschen, zu manipulieren und zu vergleichen, um aus eigener Kraft das zu erreichen, was ihm Gott aus reiner Güte hätte schenken können.

Aber dann kämpfte er mit einem Engel.

Und er nahm sich selbst an.

Und er bekam einen neuen Namen.

Ich wünschte, ich könnte Ihnen jetzt sagen, dass das eine endgültige Veränderung bei Jakob bewirkte und dass er durch das Akzeptieren seiner Identität für immer befreit war von seinen inneren Kämpfen. Ich wünschte, ich könnte Ihnen sagen, dass Jakob zu Israel wurde und glücklich lebte bis an sein seliges Ende.

Aber das kann ich nicht, denn so läuft es nun mal nicht, auch wenn die Gebrüder Grimm es so erzählen. Märchen enden immer schön geordnet, und alle losen Enden sind hübsch verzurrt. Drachen werden getötet, Bösewichte verbannt, und Helden und Heldinnen heiraten und regieren in pastellfarbenen Königreichen.

Aber im wirklichen Leben haben Helden entscheidende Momente der Selbsterkenntnis, und dann drehen sie sich um und machen genau den gleichen Fehler noch einmal. So wie Jakob.

Und im richtigen Leben endet die Geschichte auch nicht wirklich, denn im richtigen Leben besteht das Ziel nicht darin, glücklich zu leben bis an das selige Ende, sondern darin, die Handlung zu Ende zu bringen, den Konflikt zu lösen, und dann kommt der Abspann.

Das Leben ist mehr, als Schwächen auszumerzen und am Ende ganz oben zu sein.

Es ist ein einziges Elend, in einem verwirrenden Schwebezustand zwischen Realität, Bestimmung, Hoffen und Beten zu leben und schwer zu arbeiten für ein „Glücklich bis ans selige Ende“, das wir nie erreichen werden, wenn wir gar nicht verstehen, was eigentlich das Ziel ist.

Das Problem ist ja offenbar nicht, Ziele zu haben. Ziele sind ja letztlich hilfreiche Instrumente, um uns zum Handeln anzuspornen. Das Problem ist, dass wir – genau wie Jakob – nicht immer die richtigen Ziele haben.

Wir können alle möglichen Ziele erreichen, die wir erreichen wollen, aber wenn es nicht die richtigen sind, dann landen wir am falschen Ort. Die falschen Ziele zu verfolgen schafft vielleicht die Illusion von Fortschritt, aber es bringt nicht den Lohn echter Erfüllung.

Es ist eine Sache, die Frage zu stellen: „Erreiche ich mein Ziel?“ Aber es ist etwas ganz anderes, zu fragen: „Ist es ein gutes Ziel? Ist es das beste Ziel?“

In einer von Zielen geradezu besessenen Gesellschaft ist es wichtig, genau diese Fragen zu stellen.

Wohin bringen uns unsere Ziele? Ist das, worum es in unserem Leben geht, wirklich das, worum es im Leben gehen sollte? Sind unsere Ziele es überhaupt wert, sie zu erreichen? Sind die Leute, die wir beneiden, eigentlich selbst glücklich?

Vielleicht ist es Zeit, das Rattenrennen zu beenden, aus dem Hamsterrad auszusteigen und nicht mehr wie ein Lemming den anderen hinterherzurennen.

(Ich merke gerade, dass es bei all diesen Metaphern um Nagetiere geht. Ich sollte an meinen Schreibfertigkeiten arbeiten. #goals)

Ich hatte ein Gespräch mit einer Mutter, deren Kinder schon alle aus dem Haus sind. Sie sagte, dass jede Mutter, deren Kinder alle aus dem Haus sind, Holly und mir sagen würde: „Genießt jeden Moment, solange sie klein sind. Die Zeit mit ihnen vergeht so schnell."

Du hast gut reden, dachte ich. *Deine sind aus dem Haus. Meine machen immer noch Sachen kaputt.*

Die Frau fuhr fort: „Wenn ich an die Zeit zurückdenke, als meine Kinder noch klein waren, dann erkenne ich, dass ich oft falsche Ziele hatte."

„Welche denn zum Beispiel?", fragte ich.

Und sie antwortete: „Ich habe beispielsweise gedacht, es wäre das höchste Ziel, immer einen sauberen Teppichboden zu haben. Ich habe über zwanzig Jahre lang Kinder im Haus gehabt und immer dafür gesorgt, dass der Teppich sauber war. Was habe ich mit den Kindern gemeckert und geschimpft wegen dieses Teppichbodens. Jetzt würde ich mich freuen, wenn auf dem Teppich mehr los wäre und mal wieder ein wenig Dreck und Apfelsaft darauf verteilt würden. Ich habe zwar mein Ziel erreicht, aber mir ist inzwischen klar, dass es kein besonders wichtiges Ziel war."

Als ich noch auf die Highschool ging, gab es dort einen Typ, dessen Ziel es war, so viele Mädchen wie möglich ins Bett zu bekommen. In seiner Highschool-Zeit schien das eine gute Idee zu sein. Die Leute hielten ihn für einen tollen Hecht, glaubten, dass er „voll der Checker" war, denn er war lässig und beliebt und erfolgreich.

Zum zehnjährigen Abschlussjubiläum habe ich ihn dann wiedergesehen.

Er ist inzwischen schon geschieden und hat mir gestanden, dass sich sein Leben leer anfühlt. Er hat geglaubt, dieser Lebensstil würde ihm Erfüllung bringen, aber in Wirklichkeit hat er Teile von sich selbst weggegeben, die er nie wieder zurückbekommt. Er hatte sein selbstgestecktes Ziel erreicht, aber viel wichtiger als das Erreichen eines Ziels ist seine Qualität.

Wenn das Ziel also nicht ist, glücklich zu leben bis an unser seliges Ende, was ist es dann? Ich glaube, dass die Antwort auf diese Frage an Jakobs lebensverändernder Begegnung mit dem Engel deutlich wird.

Der Gott Jakobs

Es muss der dramatischste Moment in Jakobs ohnehin schon dramatischem Leben gewesen sein. „Du sollst nicht mehr Jakob heißen, sondern Israel" (1. Mose 32,28).

Jakob muss gedacht haben, dass Gott sagen wollte: „Bist du es leid, der zu sein, der du bist? Möchtest du jemand anders sein? *Zack.* Wunsch erfüllt. Du hast einen neuen Namen und eine neue Identität. Du bist nicht mehr der schwache, intrigante, hinterhältige Jakob, sondern du bist jetzt Israel: ein Prinz, ein Herrscher, König der Berge."

Ich bin mir sicher, dass Jakob bei dieser Vorstellung ziemlich aufgeregt war. Sein Leben lang hatte er versucht, alles aus eigener Kraft zu schaffen, und jetzt bekam er von Gott selbst die Anerkennung für seine Leistung. Es war der Höhepunkt, der magische Moment einer Metamorphose. Jakob gab es nicht mehr, und Israel war da, um zu bleiben.

Doch das war so gar nicht das, was Gott damit sagen wollte.

Wir gehen vielleicht davon aus, dass Jakob von diesem Augenblick an in der Bibel immer bei seinem neuen Namen, Israel, genannt wird, aber Gott hat ja so seine ganz eigene Art, sich nicht an unsere Erwartungen zu halten. Das tut er, um etwas deutlich zu machen.

Viele Jahre nach dieser Begegnung zwischen Gott und Jakob erscheint Gott Mose in einem brennenden Dornbusch. In 2. Mose 3,15 wird beschrieben, wie Gott zu Mose sagt, dass er vom Volk Israel als Gott Abrahams, Isaaks und ...

Jakobs erkannt werden möchte.

Moment mal, als Gott Jakobs?

Nicht Israels?

Israel war der neue, verbesserte Jakob, der siegreiche und verwandelte Jakob. Wenn Sie Gott wären und bekannt werden wollten, würden Sie sich dann nicht eher Gott *Israels* nennen? Wenn Sie eine PR-Kampagne für Ihren neuen Namen starten würden, würden Sie dann nicht lieber mit der eher positiven Seite Ihres Charakters in Verbindung gebracht werden?

Aber Gott sagte zu Mose – und er sagt es auch heute zu uns: „Wenn du wissen willst, wer ich bin, dann musst du begreifen, dass ich auch der Gott Jakobs bin. Ich bin auch der Gott aller Fehler, die du gemacht hast. Ich bin der Gott all der Teile an dir, die du niemandem zeigen möchtest. Ich bin nicht nur der Gott deines Erfolges, sondern auch der Gott deiner Kämpfe. Ich bin nicht nur der Gott deiner Siege, sondern auch der deiner Niederlagen.

„Ich bin
der Gott
Jakobs."

Den Rest seines Lebens und die gesamte Bibel hindurch wird Jakob bei beiden Namen genannt – manchmal Jakob und manchmal Israel. Warum das so ist? Weil wir Menschen kompliziert sind und weil auch Veränderung kompliziert ist. Zu entdecken, wer wir sind und wie wir werden sollen, ist ein Prozess, der ein Leben lang dauert, aber bis es so weit ist, schämt sich Gott auch nicht dafür, etwas mit unserem Jakob zu tun zu haben.

Die Geschichte von Jakob zeigt uns, dass es im Leben nicht darum geht, unsere Schwächen zu besiegen, damit wir endlich glücklich leben können bis an unser seliges Ende. Nein, es geht darum, jetzt zu leben, genau so, wie wir sind, angenommen von Gott und deshalb auch in der Lage, uns selbst anzunehmen.

Es geht darum zu wissen, dass wir gleichzeitig Jakob und Israel sind. Jakob sind wir, weil wir uns immer noch mit allem möglichen blöden Zeugs herumschlagen, aber wir sind auch Israel, dem Gott selbst den Sieg zugesprochen hat. Echte Erfüllung ist darin zu finden, diese Realitäten beide gleichzeitig zu akzeptieren.

Je mehr wir uns darauf einlassen, desto einfacher wird es, sie miteinander zu versöhnen. Das heißt, je mehr wir begreifen, dass wir in Gottes Augen Israel sind, desto weniger werden wir uns dabei ertappen, dass wir uns wie Jakob verhalten. Lassen Sie uns ehrlich sein. Solange wir auf diesem Planeten leben, werden wir nie ganz und gar frei sein von dem Hang zum Jakobsein. Aber solange wir wissen, dass Gott uns Israel nennt, kann uns die Angewohnheit, uns wie Jakob aufzuführen, nicht aufhalten. Unsere Schwächen, Kämpfe und Fehler werden durch die Macht Gottes stetig in Stärken verwandelt.

Gewinnen muss man innen

In der Geschichte von Jakob erleben wir einen Mann, der mit jedem kämpft. Schon im Mutterleib kämpfte er mit Esau, er betrog seinen Vater, um den Segen zu bekommen, der ihm eigentlich nicht zustand, und mit seinem Onkel Laban stritt er über alles – von den Töchtern bis hin zu seinem Esel. Er versuchte, einen Engel niederzuringen, und hinkte mit ausgerenkter Hüfte davon.

Und jetzt bereitete sich Jakob darauf vor, seinem Bruder Esau wieder gegenüberzutreten. Es waren Jahrzehnte vergangen, seit er seine Heimat und seine Familie fluchtartig verlassen hatte, aber er hatte immer noch mit denselben Dingen zu kämpfen.

Wieso das so war? Weil seine wirklichen Feinde weder Esau noch der Engel waren, weder sein Onkel noch sein Vater.

Jakobs äußere Kämpfe waren nur ein Spiegel der inneren. Er war ein Mann auf der Suche nach Identität, Veränderung und Annahme, und solange er das alles nicht in Gott fand, konnte er weder mit sich selbst noch mit seiner Umwelt Frieden schließen.

In der Nacht, in der er mit dem Engel rang, dachte Jakob, er bereite sich darauf vor, sich wieder mit Esau zu vertragen und Frieden zu schließen. In Wirklichkeit führte Gott ihn an diesen Ort, damit er Frieden mit sich selbst schließen konnte.

Das war der Sinn der beiden Namen. Jakob musste mit allem kämpfen in dem vergeblichen Versuch, seinen Platz in der Welt zu finden. Israel konnte darin ruhen, von Gott angenommen zu sein.

Der Name Israel impliziert nicht Perfektion, sondern das

Ziel, das Gott durch ihn erreichen wollte. Der Name beinhaltet die Beziehung zu Gott, der ihn auch dann noch als Jakob liebte, als er schon dabei war, ihn in Israel zu verwandeln.

Das wird deutlich an Jakobs Begegnung mit Esau ein paar Verse weiter bzw. Stunden später. Im Vergleich mit seinem Kampf mit dem Engel war diese Begegnung eher enttäuschend. Jakob hatte vor, die Vergebung seines Bruders dadurch zu erreichen, dass er ihm kostbare und exquisite Geschenke mitbrachte, aber das schien gar nicht nötig.

Als Jakob und Esau sich schließlich sahen und aufeinander zugingen, heißt es in der Bibel: „Der rannte Jakob entgegen, fiel ihm um den Hals und küsste ihn. Beide fingen an zu weinen" (1. Mose 33,4).

Als er jetzt dem Mann gegenüberstand, gegen den er sein Leben lang gekämpft hatte, wurde Jakob bestimmt etwas klar, das auch ich immer mehr begreife.

Der einzige wirkliche Kampf, den ich gewinnen muss, ist der innere.

Der Kampf ist nicht der gegen Esau, sondern es ist der Kampf gegen mich selbst.

Und auch in Ihrem eigentlichen Kampf geht es nicht um Geld oder um Ihren Arbeitgeber oder um Ihre Schwiegermutter.

„Aber dann kennst du meine Schwiegermutter nicht!", werden Sie jetzt vielleicht sagen.

Das mag sein, aber es stimmt trotzdem. Der Kampf, auf den Sie sich in erster Linie konzentrieren sollten, ist der innere Kampf.

Ich habe schon bildschöne Menschen erlebt, die ausgerechnet wegen ihres Aussehens zutiefst unsicher waren. Ich kenne Leute mit einem Sixpack, die ständig darüber reden, wie fett sie sind. Es geht um Annahme, Zugehörigkeit, Sicherheit, Wertgefühl und Bedeutung – die Liste ließe sich beliebig fortsetzen. Vielleicht kommt unsere Bedürftigkeit auf andere Weise zum Ausdruck, aber im Grunde wünschen wir uns alle das Gleiche.

Vielleicht kann ein weiterer Verweis auf Oprah das noch verdeutlichen. In ihrer Rede auf einer Abschlussfeier der Harvard University, an der ich teilnahm, hat sie einmal gesagt, die wichtigste Lektion, die sie in den 25 Jahren, in denen sie nun schon Gespräche mit unterschiedlichsten Menschen führe, sei die, dass wir Menschen alle einen gemeinsamen Nenner haben: Wir wollen verstanden und bestätigt werden. Und sie fuhr fort:

Ich habe im Lauf meiner Karriere über 35000 Interviews geführt, und sobald die Kamera aus ist, wenden sich meine Gesprächspartner immer und ausnahmslos mir zu und stellen mir – jeder auf seine eigene Art – die Frage: „War das in Ordnung?" Das habe ich von Präsident Bush gehört und von Präsident Obama. Ich habe es von Helden und Hausfrauen gehört. Ich habe es von Opfern und Verbrechern gehört. Ich habe es von Beyoncé in all ihrer „Beyoncéheit" gehört ... Sie wollen alle das Eine wissen: „War das in Ordnung?"[18]

Nur Gott (und manchmal Oprah) hat das Recht, folgende Fragen zu beantworten:

War das in Ordnung?

Bin ich in Ordnung?

Und die einzige Möglichkeit, den Krieg zu beenden, der in

unserem Inneren tobt, besteht darin, uns diese Frage von Gott beantworten zu lassen.

Jakobs lebenslanger Kampf gipfelte in der schlichten Erkenntnis, dass das Leben – mit all seinem Chaos, seinem Scheitern und den peinlichen Momenten – dazu gedacht ist, im Licht der Annahme Gottes gelebt zu werden. Das Ziel unserer Existenz ist nicht Perfektion, sondern Beziehung.

Und Jakob war nicht der einzige Glaubensvater aus der Bibel, der das für sich herausfinden musste. Wenn wir ein paar tausend Jahre vorspulen ins Neue Testament, dann stellen wir fest, dass auch Petrus und Paulus uns etwas über Ziele und das Finden von Erfüllung beizubringen haben. Sie bilden dabei sogar einen interessanten Kontrast, weil der, von dem man eigentlich erwarten würde, dass er dem Ziel am nächsten wäre, am Ende derjenige ist, der zurückliegt. Ich will das etwas genauer erklären:

Die gesamten Evangelien hindurch war es Petrus' Art, den Mund ziemlich voll zu nehmen. Das habe ich ja bereits an anderer Stelle erwähnt. Er redete viel und gern, aber oft lag er völlig daneben. Prediger machen sich gern über ihn lustig, wahrscheinlich, weil die meisten sich gut in ihn hineinversetzen können, denn schließlich steht ja „viel reden" ganz oben in unserer Jobbeschreibung.

Ich habe neulich die Geschichte von dem ersten Wunder gelesen, das Petrus tat, nachdem Jesus wieder in den Himmel gefahren war. Petrus und Johannes gingen in den Tempel in Jerusalem, um dort zu beten. Vor dem Tempel saß ein Bettler, der von Geburt an gelähmt war, und der Mann bat Petrus um Geld, woraufhin Petrus sagte: „Tut mir leid, aber ich habe kein Kleingeld dabei."

Ich bin mir sicher, dass der Bettler das unzählige Male am Tag zu hören bekam, aber Petrus war noch nicht fertig. Er fügte nämlich noch hinzu: „Geld habe ich nicht. Aber was ich habe, will ich dir geben. Im Namen von Jesus Christus aus Nazareth: Steh auf und geh!“ Und das tat der Mann dann auch.

Das sorgte für jede Menge öffentliches Aufsehen, und am Ende hielt Petrus vor der Menschenmenge, die inzwischen zusammengekommen war, eine machtvolle Predigt. Die religiösen Führer der Juden reagierten darauf, indem sie Petrus und Johannes ins Gefängnis stecken ließen, eine bessere Maßnahme gegen den starken Einfluss der Apostel fiel ihnen offenbar nicht ein. Doch Petrus predigte einfach weiter. Und dann ist in der Bibel ein faszinierender Vers zu finden, mit dem die Reaktion der religiösen Führer beschrieben wird: „Die Mitglieder des Hohen Rates wunderten sich darüber, mit welcher Sicherheit Petrus und Johannes auftraten; wussten sie doch, dass es einfache Leute ohne besondere Bildung waren. Aber sie erkannten die beiden als Jünger von Jesus wieder“ (4,13, Hoffnung für alle).

Das gefällt mir. Sie waren „einfache Leute ohne besondere Bildung“, verfügten nicht über die Bildung und das Wissen der religiösen Führer und erfüllten nicht die Erwartungen der Kultur und der Gesellschaft, in der sie lebten. In den Augen ihrer Kollegen hatten sie nichts zu sagen, und selbst wenn sie etwas zu sagen gehabt hätten, gestand man ihnen gar nicht das Recht zu, sich zu äußern.

Sie waren also im Grunde einmalig (un)qualifiziert für die Aufgabe, das Evangelium auf der ganzen Welt zu verbreiten.

Doch dadurch ließen sie sich nicht zurückhalten. Sie taten Wunder, sie predigten, und in Apostelgeschichte 4 wird berichtet, dass, während Petrus und Johannes aus dem Tempel gezerrt und ins Gefängnis abgeführt wurden, sich weitere 2000 Menschen der Gemeinde anschlossen.

Die religiösen Führer waren erstaunt über ihr Selbstvertrauen *trotz ihrer Schwäche*. Und jetzt kommt's: Genau dieser Widerspruch war es, der sie zu der Schlussfolgerung brachte, dass die beiden zu Jesus gehören mussten.

Paulus dagegen war in den Augen der Pharisäer und der Juden ganz besonders qualifiziert. Folgendermaßen wird seine Qualifikation beschrieben:

Obwohl ich meine Zuversicht auch aufs Fleisch setzen könnte. Wenn ein anderer meint, er könne sich aufs Fleisch verlassen, so könnte ich es viel mehr, der ich am achten Tag beschnitten bin, aus dem Volk Israel, vom Stamm Benjamin, ein Hebräer von Hebräern, nach dem Gesetz ein Pharisäer, nach dem Eifer ein Verfolger der Gemeinde, nach der Gerechtigkeit, die das Gesetz fordert, untadelig gewesen (Philipper 3,4-6, Luther).

Paulus war unglaublich. Er war der Inbegriff menschlichen Erfolgs, der Gipfel selbsterlangter Perfektion. Paulus war ein Kerl, wie sich alle Eltern gern ihre Söhne vorstellen, wenn sie einmal groß sind.

Aber Petrus? Der war nur ein ehemaliger Fischer mit kleinem Geldbeutel und großer Klappe. Er hatte nicht, was es nach Meinung der Leute brauchte, um Gott zu repräsentieren. Er hatte weder einen beeindruckenden Lebenslauf oder Stammbaum noch einen Masterabschluss in Theologie oder Vorfahren, mit denen er hätte prahlen können. Aber genau aufgrund dessen, was er eben *nicht hatte*, spiegelte er den Einen wider, der überhaupt sein großes Ziel war.

Um die #goals zu erreichen, die ein guter Jude erreichen sollte, hätte Petrus mehr wie Paulus werden müssen. Aber um die Ziele des Evangeliums zu erreichen, hätte Paulus mehr wie Petrus werden müssen. Paulus hatte viele Ziele erreicht, aber er musste sie alle loslassen, um mehr wie Jesus zu werden. Er musste genau die Dinge ablehnen, von denen er bis dahin geglaubt hatte, dass sie ihn qualifizieren würden, das zu erreichen, was wirklich wichtig ist. Paulus setzt seine Erklärung folgendermaßen fort:

Denn das ist mir klargeworden: Gegenüber dem unvergleichlichen Gewinn, dass Jesus Christus mein Herr ist, hat alles andere seinen Wert verloren. Um seinetwillen habe ich das alles hinter mir gelassen; es ist für mich nur noch Dreck, wenn ich bloß Christus habe.

Mit ihm möchte ich um jeden Preis verbunden sein. Deshalb versuche ich jetzt nicht mehr, durch meine eigene Leistung und durch das genaue Befolgen des Gesetzes vor Gott zu bestehen. Was zählt, ist, dass ich durch den Glauben an Christus von Gott angenommen werde. Darauf will ich vertrauen.

Um Christus allein geht es mir. Ihn will ich immer besser kennenlernen: Ich will die Kraft seiner Auferstehung erfahren, aber auch seine Leiden möchte ich mit ihm teilen und mein Leben ganz für Gott aufgeben, so, wie es Jesus am Kreuz getan hat.

(Verse 8-10, Hoffnung für alle)

Was Paulus erreicht hatte, war nicht falsch, aber es war nicht das beste Ziel. Jedenfalls war dieses Ziel nicht wert, sein Leben dafür einzusetzen. Paulus sagte: „Das ist jetzt mein Ziel. Ich möchte Jesus kennenlernen. Ich habe all die anderen Sachen gemacht, habe all die anderen Sachen gesehen, habe Erfolg gehabt, wie ihr ihn euch gar nicht vorstellen könnt, und mein Ziel erreicht. Doch als ich es erreicht hatte, habe ich gemerkt, dass es gar nicht das war, was ich eigentlich wollte. Also ließ ich mein Ziel los und bekam ein neues, nämlich Jesus zu kennen."

Das wirklich Interessante daran ist, dass Paulus das aus dem Gefängnis schrieb. Apropos Schwäche: In den Augen der Welt war Paulus richtig abgestürzt. Vom Pharisäer zum Sträfling, von Respekt zu Demütigung.

Aber in seinen eigenen Augen war er endlich ein Gewinner. Statt sich selbst fähig zu machen und zu beurteilen, überließ er das Gott. Und genau das, was anderen Menschen vielleicht peinlich gewesen wäre, katapultierte ihn in die Bestimmung hinein, die Gott für ihn hatte.

Und es kommt noch besser. In Vers 12 steht: „Dabei ist mir klar, dass ich dies alles noch lange nicht erreicht habe und ich noch nicht am Ziel bin. Doch ich setze alles daran, es zu ergreifen, weil ich von Jesus Christus ergriffen bin."

Paulus' Ziele hatten sich geändert. Leute zu beeindrucken, seinen Wert zu beweisen und es ganz nach oben zu schaffen – das alles reizte ihn jetzt nicht mehr, sondern es ging in seinem Leben nur noch darum, Jesus zu kennen und alles zu werden, wozu ihn Gott berufen hatte.

Ich glaube, das oberste Ziel Gottes für unser Leben hier auf der Erde besteht nicht im Ankommen, sondern im Erreichen.

Es besteht darin, uns so wie Paulus mehr auf den Weg zu konzentrieren, darauf, Jesus und seinen Willen für uns kennenzulernen, und dabei ist der Weg das Ziel.

Natürlich gibt es unterwegs immer wieder Zwischenziele, aber das letztgültige Ziel ist der Himmel. Wenn dieses Leben auf der Erde zu Ende ist, gelangen wir an einen Ort, an dem unsere Beziehung zu Gott vollkommen ist: ein Ort absoluter Heiligkeit und absoluter Vollkommenheit.

Aber noch sind wir nicht im Himmel, Freunde. Wenn wir also so leben, als ginge es um die Aussichtspunkte und die Höhepunkte und nicht um den gesamten Weg, dann wird uns viel von dem entgehen, was das Leben zu bieten hat.

Und nebenbei bemerkt, wenn ich von *erreichen* spreche, dann meine ich damit nicht irgendwelche frustrierenden, vergeblichen Versuche, etwas zu bekommen, was wir niemals haben können. Es geht dabei nicht darum, sich an Strohhalmen festzuklammern oder den Wind zu fangen. Das war absolut nicht die Haltung von Paulus. Alles *daranzusetzen*, ans Ziel zu gelangen, bezog sich auf die täglichen Erfahrungen mit Gott, auf das, was er unterwegs erlebte und was seinen Gipfel in dem kommendem, dem ewigen Leben finden würde. Er meinte damit den Weg mit Gott, der alle großen Männer und Frauen der Bibel geprägt hatte.

Um es mit den Worten des englischen Dichters Robert Browning zu sagen: „Ah, but a man's reach should exceed his grasp, or what's a heaven for?“[19] (Aber ach, das, wonach sich der Mensch ausstreckt, sollte über das hinausgehen, was er erreichen kann, denn wozu wäre sonst der Himmel da?“)

Sich nach etwas auszustrecken beinhaltet einen Prozess.

Sich nach etwas auszustrecken beinhaltet Veränderung.

Sich nach etwas auszustrecken beinhaltet Beziehung.

Sich nach etwas auszustrecken beinhaltet eine Abhängigkeitsbeziehung.

In vielerlei Hinsicht fasst die Vorstellung, sich nach Jesus auszustrecken, den Lebensweg mit Jesus zu gehen und Jesus zu kennen, alles zusammen, was ich in diesem Buch gesagt habe.

Wer macht uns fähig und wozu?

Es ist Gott, der uns befähigt, und zwar für diesen Weg und alles, was er beinhaltet. Es geht darum, die Hochs und Tiefs, Ebbe und Flut des Lebens gemeinsam mit ihm zu durchleben. Es geht darum, sich einer ungewissen Zukunft zu stellen, und zwar nicht mit dem Stolz, der der eigenen Leistung entspringt, sondern mit der Zuversicht und Sicherheit, die entstehen, wenn wir alles gemeinsam mit Jesus bewältigen.

Wenn Sie zu Jesus gehören und ihm nachfolgen, dann haben Sie bereits alles, um ein zuversichtliches, erfülltes und produktives Leben zu führen.

Dann können Sie Ihre Rüstung und Ihre Masken ablegen. Sie können aufhören zu vergleichen und zu manipulieren und etwas vorzutäuschen. Sie können aufhören, sich selbst einzureden, dass Sie aus sich selbst heraus und aus eigener Kraft kompetent und qualifiziert sind.

Stürzen Sie sich in die Lücke zwischen dem, wer Sie sind, und all dem, wozu Gott Sie berufen hat und wer Sie werden sollen.

Dort geschehen Wachstum und Entwicklung.

Und dazu ist die Gnade da.

Danksagungen

Danke, Holly, für dein Vertrauen. Danke, Elijah, dass du meinen Namen geändert hast. Danke, Graham, dass du tust, was getan werden muss. Danke, Abby, dass du nicht zulässt, dass die Monster kommen. Danke, Mutter, dass du Worte in mich hineingelegt hast.

Justin Jaquith, es war ein Vergnügen, in dir einen Partner zu finden. Du hast dich selbst übertroffen und hast keine Mühen gescheut, das hier durchzuziehen. Danke dafür.

Chunks und Amy, ihr habt – wie immer – dafür gesorgt, dass ich bei diesem Projekt am Ball bleibe. Huey, dein Optimismus und deine Beharrlichkeit sind Gold wert. Ryan, du hast ja keine Ahnung, wie talentiert du bist. Jess, Christy und Caroline, ihr seid Zauberkünstler.

Pastor Craig Groeschel. Wahrscheinlich schreiben Sie drei Bücher in der Zeit, die ich für diese Danksagungen brauche. Danke für Ihr großartiges Vorbild.

Danke, Alex, du hast dafür gesorgt, dass es überhaupt zu diesem Buch gekommen ist.

Andrew, ich danke dir für einen so optimistischen Ausblick, während du dich mit dieser Botschaft beschäftigt hast.

Danke, Carol, für deine gewissenhafte Lektoratsarbeit, und

dafür, dass du überflüssige kursiv gedruckte Wörter ausgemerzt hast.

Und ich danke der Elevation Church, dass sie die Berufung eines Pastors unterstützt, der sich nie fähig oder gar qualifiziert gefühlt hat.

Danke, Dr. John Mac Arthur, danke fürs Erinnern.

Verwendete Bibelübersetzungen

Fußnoten

1 Bob Dylan, interviewed von Ed Bradley, „Dylan Looks Back“, 60 Minutes, CBS, December 5, 2004, www.cbsnews.com/news/dylan-looks-back/.

2 Shrek, Regie: Andrew Adamson und Vicky Jenson (Universal City, CA: Dreamworks, 2001).

3 www.theguardian.com/artanddesign/video/2012/aug/23/art-restorer-ecce-homo-mural-video und www.independent.co.uk/arts-entertainment/art/news/elderly-woman-destroys-19thcentury-spanish-fresco-by-elias-garcia-martinez-in-botched-restoration-8073267.html.

4 Richard Rohr, *Following the Mystics through the Narrow Gate: Seeing God in All Things* (Albuquerque: Center for Action and Contemplation, 2010) CD-ROM.

5 A.W. Tozer, *The Knowledge oft the Holy* (New York: Harther-One, 1978), S. 1.

7 J.I. Packer, *Knowing God* (Downers Grove, IL: InterVarsity, 1973), S. 19.

8 Gretchen Rubin, Better Than Before: Mastering Habits of Our Everyday Lives (New York: Crown Publishers, 2015), S. 30.

9 Oswald Chambers, *My Utmost for His Highest* (Grand Rapids: Discovery House, 1992), 19. April.

10 Prince, „Clouds“, AZLyrics, www.azlyrics.com/lyrics/prince/clouds.html.

11 Axl Rose, „Breakdown“, Guns N' Roses, *Use Your Illusion II, Lyrics ©Universal Music Publishing Group, 1991.*

12 „Pinterest“, PC Magazine, www.pcmag.com/encyclopedia/term/64546/pinterest.

13 C.S. Lewis, *Mere Christianity* (New York: Macmillan, 1960), S. 109.

14 „Lance Armstrong & Winfrey: Interview Transcript“, January 18, 2013, BBC, www.bbc.com/sport/0/cycling/21065539.

15 „Lance Armstrong & Oprah Winfrey.“

16 „Lance Armstrong & Oprah Winfrey.“

17 Justine Hartman, „The Problem with #Goals“, *Elle*, www.elle.com/culture/tech/a27375/problem-with-goals-social-media/.

18 „Winfrey's Commencement Address: The Key to Life is to Develop an Internal Moral, Emptional G.P.S.“, May 31, 2013. Harvard Gazette, http://news.harvard.edu/gazette/story/2013/05/winfreys-commencement-address/.

19 Robert Browning, „Andrea del Sarto“, www.poetryfoundation.org/poem/173001.

20 Shanna Crooks, Mike Strange and Leonard Cohen, „Anthem“, from *The Future.* Sony/ATV SongsLLC, Stranger Music Inc.; 1992, www.azlyrics.com/lyric/leonardcohen/anthem.html.